データ構造を解き明かす先端技法

スパース モデリングって 何だ？

日高昇治／松下亮祐／楠田哲也

●共著

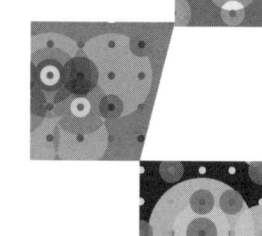
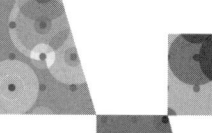
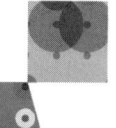
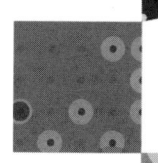

JN192824

CUTT
カットシステム

はじめに ― 今、なぜスパースモデリングなのか

　今、スパースモデリングという技術が注目されつつある。この技術は今あるデータから足りない部分のデータを予測して、全体像を構成するという技術である。本書は、このスパースモデリングという技術はどんなものであり、なぜ今、注目されているのかを解き明かすことを目的としている。

ブラックホールの姿を描き出すプロジェクト

天文学の夢

　ブラックホールは、その存在は知られているが、まだ誰もその姿を見たことがない。光を吸収してしまうブラックホールは目で見ることはできない。これまでにさまざまな「想像図」が描かれているが、どれが正解なのかは誰も知らない。ブラックホールの姿を描くことは天文学の夢と言ってもよい。

図0.1●ブラックホールの想像図

※ http://natgeo.nikkeibp.co.jp/atcl/news/17/041400140/?SS
=imgview&FD=1584087322

　このブラックホールの姿をとらえることに挑戦している のが、世界中の天文台が協力する EHT（Event Horizon Telescope：事象の地平線望遠鏡）という名のプロジェクトである。NHK のサイエンスゼロという番組でもとりあげられた。

ブラックホールの像を描くには

　手掛かりとなるのは、ブラックホールがガスを吸収するときに発出される光を電波望遠鏡でとらえることができるということである。ただ、ブラックホールは巨大であり、膨大なデータを集めなければ全体像はわからない。ブラックホールの姿をとらえるには、地球サイズの望遠鏡が必要であるが、そんな望遠鏡を作ることはできない。

スパースモデリング登場

そこで考えられたのが、世界の数箇所の望遠鏡を使ってできるだけ多くのデータを集めて、足りない部分は、本書のテーマであるスパースモデリングの技術によって補うことにより、ブラックホールの姿を描き出そうというアイデアである。そして日本の国立天文台の本間希樹授がこのスパースモデリングを用いた解析技術をひっさげてこのプロジェクトに参加しているのである。

図0.2●世界中の望遠鏡をつなぐ

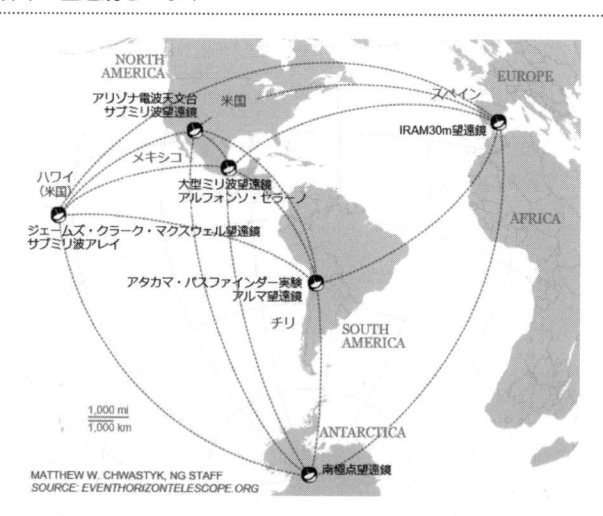

※ http://natgeo.nikkeibp.co.jp/atcl/news/17/041400140/?SS
=imgview&FD=835591247

現在の状況

本書の執筆時点では、まだブラックホールの姿をとらえたというニュースは入ってきていないが、本書を読者が読んでいる時点ではもうそういうニュースが入ってきているころではないかと思われる。ぜひ科学ニュースに注意しておいてほしい。

MRI の画像から短時間で診断する

スパースモデリングの威力を実感することのできるもう1つの例を紹介しよう。

活躍する MRI とその課題

現在、多くの病院で MRI（Magnetic Resonance Imaging：磁気共鳴画像診断装置）を使って、がんの他、脳や脊椎の病気などの診断が行われている。MRI は強力な磁石でできた筒の中に人を入れて、磁気の力を利用して体内の臓器や血管を撮影する装置である。磁場によって人間の体内にある水素原子が共鳴を起こすことを利用している。水分量の多い脳や血管などの診断に威力を発揮する。

図0.3●MRI

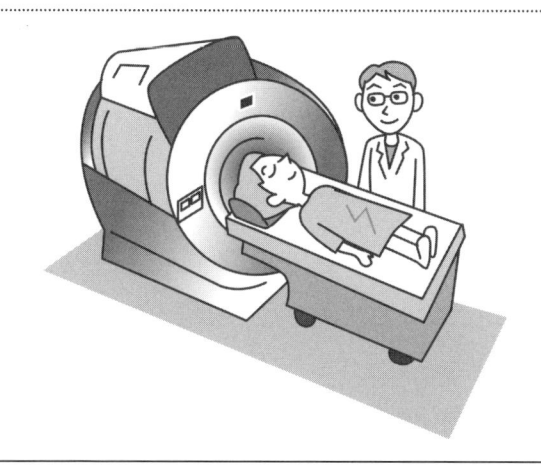

さまざまな病気の診断で活躍する MRI であるが、一刻を争うような病気の治療の場合や撮影中の患者の負担を考えると、撮影に時間がかかってしまうのでは困る。MRI の利用にはいかに撮影にかかる時間を短縮するかという課題があるのである。

スパースモデリングの活用

京都大学医学部では、スパースモデリングを使って MRI の撮影にかかる時間を大幅に短縮するという研究が行われている。この研究のポイントは、MRI で膨大な量のデータを集めるのには時間がかかるので、最初からまびいたデータを集めて、集めなかった部分のデータはスパースモデリングによって補うということである。京都大学では、MRI のデータが 80％欠損しても、ほぼ正確な画像を構成することに成功して

いる。

図0.4●スパースモデリングで補完した画像

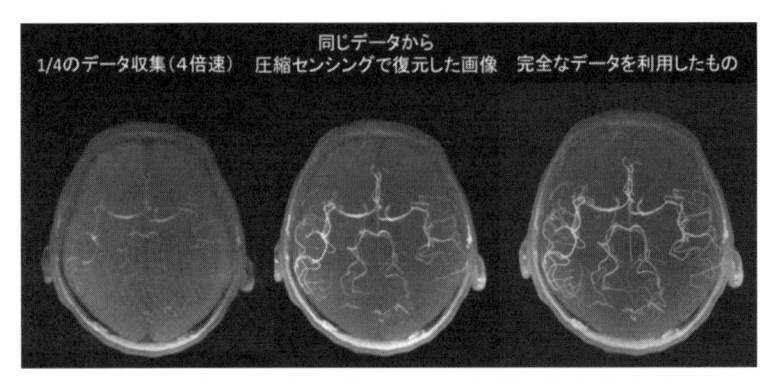

同じデータから
1/4のデータ収集（4倍速）　圧縮センシングで復元した画像　完全なデータを利用したもの

圧縮センシングは80%データが欠損していても血管画像が再構成できる
京都大学大学院医学研究科 放射線医学講座（画像診断学・核医学）　提供
※ https://japan.zdnet.com/article/35074052/4/

さまざまな応用の可能性

2つの事例からわかること

　上記の2つの例から、スパースモデリングには大きく2つの使い道があることがわかる。

　ブラックホールを描く研究の例は、もともと不足するデータを補って、全体像を描き出すという応用方法である。これに対し、MRIの画像診断の高速化の例は、集めようとすれば集められるところを、あえてデータをまびいて集めておいて、そのまびいた分はスパ

ースモデリングで補うという使い方である。

　このようにスパースモデリングは汎用的な技術であり、上記の天文学や医学の事例の他にもさまざまな分野での活用が考えられる。

　また、今年になってハカルス社からスパースモデリングを使った栄養指導サービスが発表されるなど、今後ビジネスの分野でもスパースモデリングが活用されていくと考えられる。

ビッグデータやディープラーニングの課題を克服する

　現在は第 3 次 AI ブームと呼ばれ、機械学習やその先進モデルであるディープラーニング（deep learning：深層学習）がもてはやされている。コンピュータが大量のデータを学習して、自ら事象の特徴を見いだせるようになり、人工知能が実現することが期待されている。

図0.5●AIによるスマートデータの生成

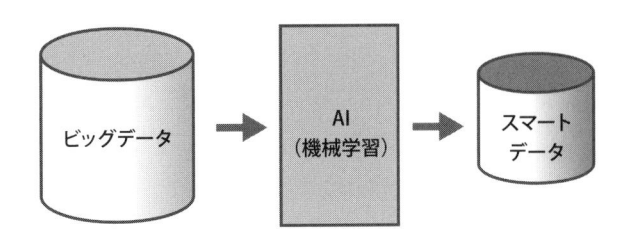

　しかし、ディープラーニングには大量の学習データが必要とされるので、学習するデータが少ない環境では使えないという問題がある。スパースモデリングは不足するデータを補う技術であり、ディープラーニングの課題を解決する技術としても期待されている。

図0.6●スパースモデリングの活用

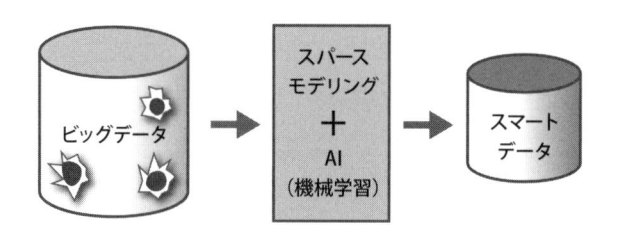

この本で明らかにすること

　ここまで来ると、スパースモデリングは他にどんなことに使えるのだろうか、なぜスパースモデリングが足りないデータを正確に補うことができるだろうか、とさまざまな質問が出てくるだろう。本書では、そうした質問に対する答えを章を追って明らかにしていきたい。

　まず、第1章ではスパースモデリングとは何かを概観する。第2章ではスパースモデリングの応用分野について考察する。第3章では、スパースモデリングが

不足するデータを補う理論を明らかにする。第 4 章で
はこれまでに行われてきたスパースモデリングの研究
について振り返る。

目 次

第4章 スパースモデリングの研究動向　　79

1

スパースモデリング とは

1.1　スパースモデリングの定義

　スパースモデリングとは、英語で書けば Sparse Modeling である。本書ではスパースモデリングを「事象に内在するスパース性に着目して、データ構造などをモデル化する技法の総称」と定義しておきたい。

　まず、「スパース（Sparse）」というのは、「まばら」とか「すかすか」という意味の言葉である。そして、スパースモデリングで使われる「スパース性」というのは、「物事やデータの本質的な特徴を決定づける要素はわずかである」という性質のことを指す。

　例えば、画像データの場合で言えば、画像は多くの細かい「画素」というものの集まりであるが、隣り合う画素間で、その値が大きく異なるところはわずかである。画像に写っている物質が変わるところなどにすぎない。このような時、このデータにはスパース性があると言う。

図1.1●スパース性のイメージ

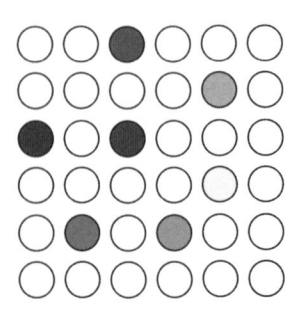

　次に「モデリング（modeling）」であるが、これは物事や事象をわかりやすい形にして表現することである。スパースモデリングは、複雑で大量のデータがどういう構造をしているのかを解き明かし、わかりやすいモデルとして表現する技法なのである。

図1.2●モデル化

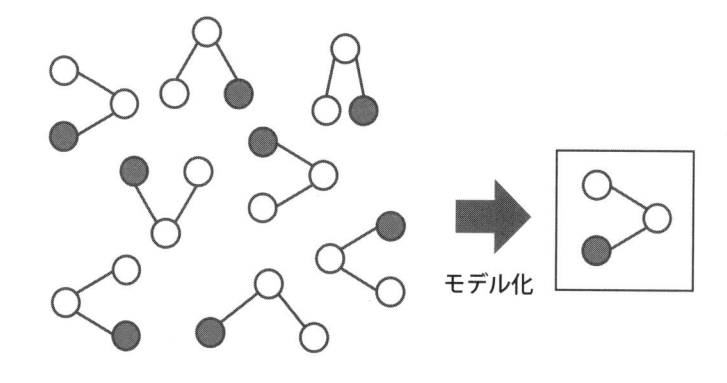

モデル化

　なお、「総称」という言葉を使ったのは、スパースモデリングにはさまざまな技法があり、1つではないからである。

1.2 スパースモデリングの3つの意義

　スパースモデリングがスパース性を利用して事象を
モデル化するというのは、大量のデータがなくても、
事象の本質をとらえることができるということを意味
する。

　現在は、第3次AIブームであり、いたるところで
AI（Artificial Intelligence：人工知能）が開発されてい
る。AIの開発には、ビッグデータ（big data）と呼ば
れる大量のデータを使った「機械学習」が行われてい
る。学習を積んだコンピュータは、囲碁や将棋で名人
を打ち負かせるようになったり、株価の予測ができた
り、病気の診断ができるようになっている。

　しかし、このビッグデータを使った機械学習にはさ
まざまな課題があり、そのいくつかを解決してくれる
のがスパースモデリングである。

　①スパースモデリングを使うことにより、データ
　　が不足していても解析することができる。

　まず、そもそもビッグデータが集まらなかったらど
うするか、という問題がある。あきらめるというの
も1つの手ではあるが、スパースモデリングが使えれ
ば、あきらめる必要はない。もともと世の中には都合
よく大量のデータが存在していないことも多い。過去
のデータが災害等でなくなってしまうこともあるし、
「はじめに」で紹介したブラックホールの全体像をと

らえるのに必要なデータは地球規模の電波望遠鏡がないと集まらない。

　こうした「データの不足」の問題を解決してくれるのがスパースモデリングである。

　②スパースモデリングを利用することにより、大量のデータを使わずにすみ、データ解析にかかる時間を短縮できる。

　次に、ビッグデータにはそれを解析するのに膨大な時間がかかったり、大量のリソースを必要とするという課題もある。コンピュータの処理速度は飛躍的に向上してはいるが、データ量も飛躍的に増えている。データの解析に時間がかかっていては困ることもある。病気の診断などでは一刻を争うこともあるし、検査に時間がかからなくなることにより患者の負担を減らすこともできる。

　そこで、あえてビッグデータを全部使わないというアイデアが出てきたのである。スパースモデリングを活用することにより、大量のデータを集めずに済み、データの解析にかかる時間を大幅に削減することができる。

　③スパースモデリングによって、複雑なデータ構造をわかりやすく表現する

　さらに、スパースモデリングにはもう1つ重要な意義がある。AIの機械学習では複雑な計算を行うため、

データから導かれる結果の意味がわからないことも多い。人事の面接や刑務所の刑期の判断にも AI が使われるようになっているが、なぜその人が離職する可能性があるのか、なぜその人が再犯の可能性があるのかについて、納得のいく説明はできていない。

スパースモデリングは多くのデータ要素の中から、本当に関係する要素を選択し、不必要な要素は排除するので、高次元で複雑に見えるデータを単純化して表現できる。これにより因果関係の説明可能性が向上する。利用者の納得性の向上やアカウンタビリティ（説明責任）という面からもスパースモデリングを使うことの意義は大きいのである。

1.3　スパースモデリングのしくみ

　次に、スパースモデリングがどのようなしくみでデータ要素を抽出したり、足りないデータを補完するのかを見てみよう。

（1）従来の方式

　これまでにも、データの中に関係式を見い出す技法はさまざまなものが使われてきた。

　例えば、直線による近似をする方法としては、最小二乗法や回帰分析がある。

図1.3●直線の近似

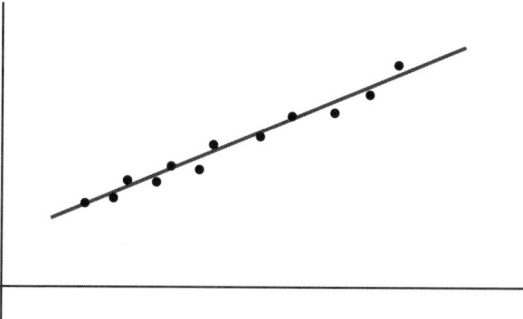

　さらに、次元を増やして曲線による近似をする方法としては、多項式回帰がある。

図1.4●曲線による近似

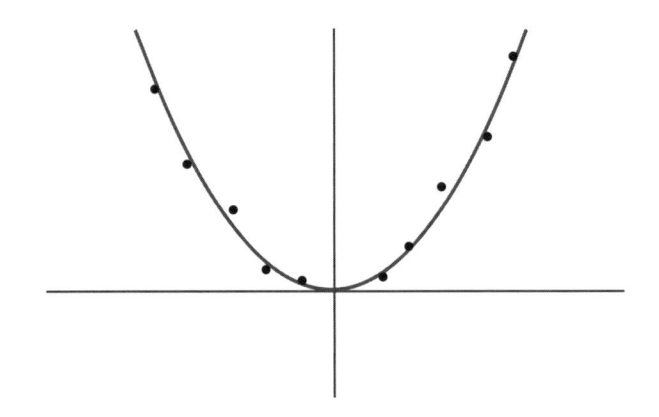

　こうした従来の方式は、データに式を当てはめる方式であり、データにある法則性は発見できない。というより、人間が発見して教える必要がある。

（2）スパース推定

　従来の方式と違い、スパースモデリングでは、データの本質部分を抽出するということを行う。データに合わせて近似を行いながら、いくつかの要素を排除する（重要でないパラメータを 0 と推定する）。これがスパースモデリングの基礎であるスパース推定である。

　では、スパースモデリングの基本の数式を見てみよう。次の図はスパースモデリングで使われる有名な公式である。

図1.5●スパースモデリングの公式

$$E(x) = \|y - Ax\|^2 + \lambda \sum_i |x_i|$$

解の候補を選ぶ　　　　解の候補を絞る

　この数式の詳細な意味や具体的にコンピュータがどうやってこれを使うのかについては、第3章で解説するが、この数式からスパースモデリングには2つのステップがあることがわかる。

　式の前半が解の候補を出す部分で、式の後半が解の絞り込みを行っている部分である。絞り込みには、「軟判定しきい値関数」、「デシメーション・アルゴリズム」、「非負値制約」といった理論が使われる。

　また、スパースモデリングは導き出された解が元のデータと整合しているかをチェックし、修正を行うというプロセスの繰り返しでもある。

図1.6●繰り返しのプロセス

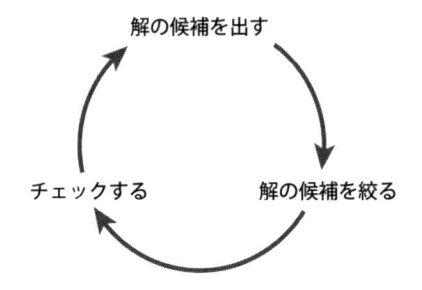

解の候補を出す

チェックする

解の候補を絞る

1.4 スパースモデリングの応用

スパースモデリングの応用分野は広い。ここでは、スパースモデリングの応用を目的によって分類して整理しておきたい。

（1）不足するデータを補うスパースモデリングの例

まず、そもそもデータが不足しているので、必然的にスパースモデリングを使うという例を見てみよう。

1つめの事例は、地下の構造を調べる「反射法地震探査」の例である。これは地表面でダイナマイトなどを使って爆発を起こして人工的に地震を発生させ、地層の境界面から跳ね返ってくる反射波を地震計で検出することにより、地下の断面を推定する手法である。この反射法地震探査の分野では、早くからスパースモデリングが取り入れられている。データを大量に集めるために爆発をたくさん起こすわけにはいかないからである。

図1.7●反射法地震探査

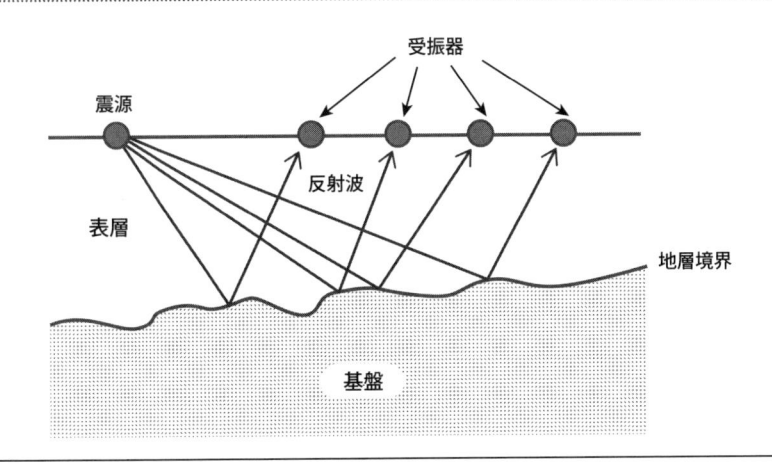

面白い応用例としては、カンニングの発見がある。東北大学の大関氏は、スパースモデリングを使って2つの似通った答案がカンニングによるものかを判定するという研究をしている。そもそもカンニングをする人は少ないので、データは少ない。スパースモデリングを使えばそれほどデータが多くなくてもカンニングがわかるというのである。

図1.8●カンニング？

　冒頭にあげたブラックホールの姿を再現する例も、不足するデータを補うスパースモデリングの応用例である。

（2）ビッグデータを省くスパースモデリング

　次にビッグデータをあえて全部使わずに、選択して使うという例を考えてみよう。「はじめに」で紹介したMRIの画像解析の例も、ビッグデータを絞って使う事例の1つである。

　スパースモデリングには、ビッグデータ解析の効率化という側面があるとすれば、ビッグデータによる機械学習が行われるほとんどの分野には使えるはずである。

図1.9●ビッグデータを間引く

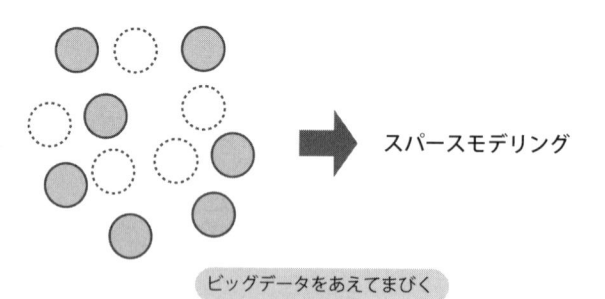

スパースモデリング

ビッグデータをあえてまびく

（3）スパースモデリングを用いてモデルを単純化する例

　最後に、スパースモデリングを使って複雑な事象を単純化するという例を見てみよう。

　海洋研究開発機構の桑谷氏らは、津波がとこまで到達したかを地層に含まれる堆積物の成分を分析することにより、判定するという研究を行っている。この研究では、調査したすべての元素を使った時よりも、スパースモデリングを使って一部の元素を省いたほうが精度の高い判定ができたという。スパースモデリングによる情報選択機能の効果を示す事例であろう。

図1.10●堆積物の成分分析

全18元素を利用した場合

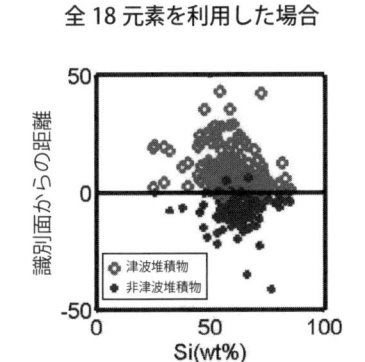

最適11元素を利用した場合

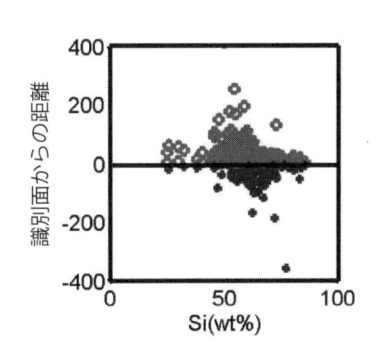

https://research-er.jp/articles/view/28121

　スパースモデリングの応用分野については、第2章でさらに詳しく考察する。

1.5 スパースモデリング登場の経緯と現在の研究動向

人間の脳を模倣

コンピュータの発展の歴史は、人間の脳にいかコンピュータを近づけるかの研究の歴史でもある。スパースモデリングで行われていることは、人間の脳で行われていることに近い。人間が外界を視覚情報として認識する際も、目から入っている画像情報をすべて認識しているわけではない。選択的に認識してそれを再構成しているのである。まさにスパースモデリングが不足する情報を補完するのと同じである。

図1.11●人間の脳の視覚認識

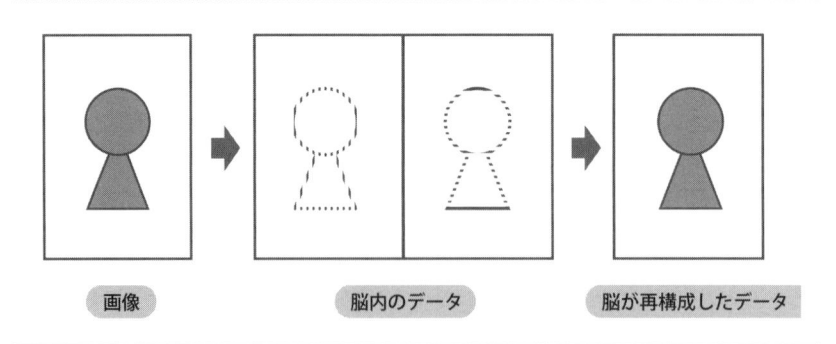

画像　　　　　　　　　脳内のデータ　　　　　　　脳が再構成したデータ

スパースモデリングの登場

　では、このスパースモデリングという概念は誰が思いついたのだろうか。スパースモデリングを最初に提案したのは、米スタンフォード大学の Rob Tibshirani 氏と言われている。彼の著書「Statistical Learning with Sparsity The Lasso and Generalizations」の中には、スパース性に注目したさまざまな解析手法が紹介されている。

医療分野での応用で進歩

　スパースモデリングの研究の歴史で特筆すべきなのは医療の分野での研究である。医療の分野では早くからスパースモデリングを取り入れた研究が行われてきており、スパースモデリングの普及に多大な貢献をしている。

日本での研究

　日本においては主に学術分野でスパースモデリングの研究が行われている。現在、文部科学省の科学研究費補助金により「スパースモデリングの深化と高次元データ駆動科学の創成」（平成 25 〜 29 年）というプロジェクトが進行中である。（http://www.sparse-modeling.jp/ 参照）このプロジェクトの研究対象は、医学、地球科学、天文学など広範囲にわたる。

　現在のスパースモデリングの研究動向については、第 4 章で詳しく解説する。

2

スパースモデリング
の応用

　スパースモデリングの応用分野は広い。この章で
は、学術分野とビジネス分野とに分けて、スパースモ
デリングはどんなことに使うことができるのかを考え
てみたい。

2.1　学術分野での応用

　現在、大学等でスパースモデリングの応用に関する
さまざまな研究が行われているが、高校の教科で言え
ば、「地学」や「生物」の分野での研究が多い。もう
少し細かく言えば、医学、生命科学、脳科学、地球科
学、惑星科学、天文学などの分野である。経済学など
の社会科学の分野での研究はこれからである。

(1) 医学

　医学の分野では、主に画像解析への応用としてスパ
ースモデリングが使われることが多いと考えられる。
人間の体の中を調べる手段として、レントゲンや CT
に加えて MRI が開発されているが、撮像に時間がか
かるという難点がある。これを克服するためにスパー
スモデリングを使うというのはすでに紹介した。空間
的にデータをまびくという手法である。
　これに加えて、心臓のように周期的に収縮を繰り返
すものについては、時間的にデータをまびく手法が可
能となれば、短時間での撮像が可能になり、患者への

負担を軽減することにつながる。

図2.1●空間的・時間的間引き

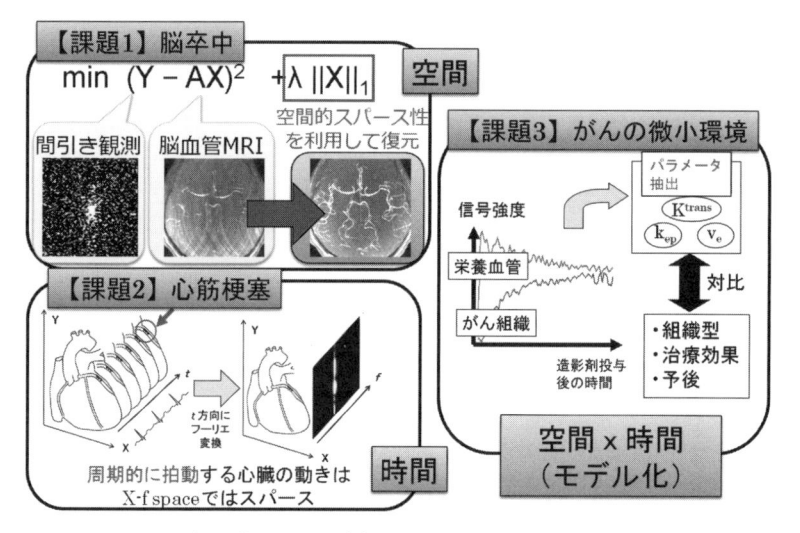

http://sparse-modeling.jp/program/A01-1.html

（2）生命科学

　生命科学の分野においては、人間の体を構成するタンパク質や核酸といった物質の計測への応用が考えられている。近年、タンパク質などの計測にも MRI と同様に NMR（Nuclear Magnetic Resonance：核磁気共鳴）が用いられている。

図2.2●NMR

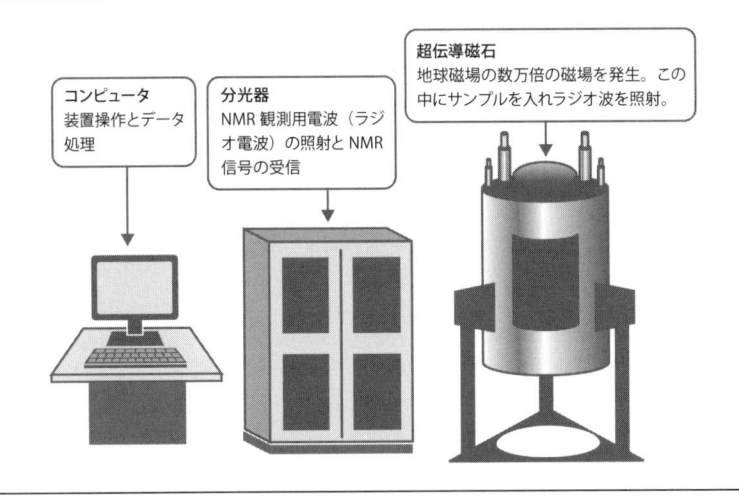

コンピュータ
装置操作とデータ処理

分光器
NMR 観測用電波（ラジオ電波）の照射と NMR 信号の受信

超伝導磁石
地球磁場の数万倍の磁場を発生。この中にサンプルを入れラジオ波を照射。

　タンパク質は壊れやすいという性質を持っているので、短時間で高精度の計測をする必要がある。そこで、タンパク質の構造データが持つスパース性に着目して短時間のデータから全体を推測するということがスパースモデリングに期待されている。

（3）地球科学

　地球の構造や環境や歴史を研究する学問が地球科学である。地層の構造や堆積物を調べるのが地質学であるが、そのほかにも鉱物学、地球物理学、地球化学、地震学、海洋学なども含まれる。

　この分野においてもデータを十分収集できないことが多い。そもそも地下を深く掘っていっても地球の中心まではたどり着くことができない。第 1 章で紹介したように、地質調査の分野でもスパースモデリングが使われているが、地質調査以外の分野での応用も考えられている。

（4）惑星科学

　地球以外の天体を研究する学問が惑星科学である。惑星科学は地球科学を他の惑星にも応用しようという学問であるが、地球科学と比較するとさらにデータが不足している。人間が月に行って石を持って帰ったり、探査機「はやぶさ」が小惑星イトカワ表面の砂（微粒子）を持ち帰ったりしているが、収集できる情報はごくわずかである。これまでは、地球に飛来した隕石を分析して研究が行われてきたが、どの隕石がどこの惑星から来たものかはわからないし、大気圏に突入する際に隕石の表面の情報は失われてしまう。

図2.3●燃えつきる隕石

　最近は、電波望遠鏡を使って惑星の状態をかなり詳しく調べることができるようになってきている。電波望遠鏡を使えば、惑星の大気に含まれる一酸化炭素などの微量分子が放出するスペクトル線を観測することができる。しかし、やはりデータが不足していること

には変わりがなく、スパースモデリングの活躍する余地は大きい。

図2.4●電波望遠鏡

国立天文台野辺山電波観測所 45 m ミリ波電波望遠鏡
http://www.kawaguchi.science.museum/astro_gallery/obsequipment1.html

（5）天文学

　ブラックホールを撮像するという夢のプロジェクトの話はすでに紹介した。天文学の分野は、スーパーコンピュータを使っても何年もかかるような膨大な計算を必要とする分野である。まさに天文学的な数字を扱うのである。したがって、常にデータが不足している状況があり、スパースモデリングによる推測が大きな効果をもたらすのである。

　ブラックホールの撮像以外でも、宇宙の起源、物質の根源、地球外生命、宇宙の構造など、天文学の分野には多くの課題があり、いずれも莫大なデータを必要とするものである。スパースモデリングの活躍する余地の大きい分野であると言えよう。

（6）社会科学

　自然科学と違い、不確定な要素が大きい「人間」という要素が加わる社会科学の分野においてもスパースモデリングは活用できる可能性がある。

　例えば、経済学の分野の1つである計量経済学では、構築して経済モデルを統計学の手法を用いて分析を行っているが、大量のデータを必要としている。そして分析には回帰分析やベイズの定理などの理論が用いられている。

　また、経営学の分野でもコンピュータを用いた「経営シミュレーション」の研究が行われてきている。

2.2 ビジネスへの応用

　スパースモデリングをビジネスに活用しているという事例はまだ少ない。ただ、現在は、「第4次産業革命」と呼ばれ、IoT（Internet of Things）、ビッグデータ（big data）、AI（Artificial Intelligence：人工知能）といった大量のデータを扱う技術が急速に普及していることを考えれば、スパースモデリングのビジネスへの応用も広がるものと考えられる。

（1）第4次産業革命におけるビッグデータ

　現在の第4次産業革命に登場するさまざまな技術は下図のように整理される。

図2.5●第4次産業革命の構造

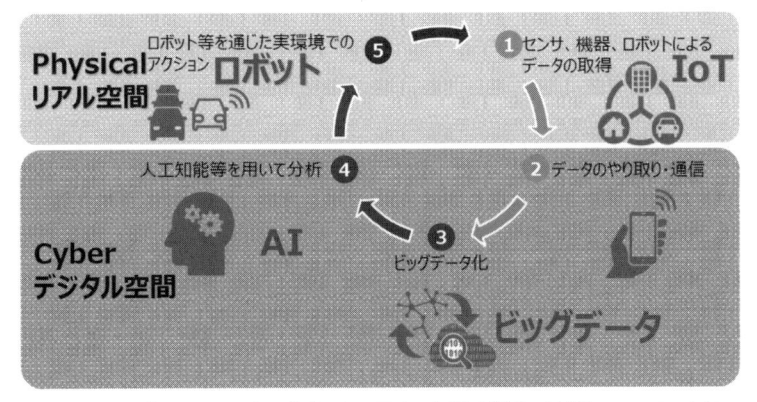

経済産業省「IoT、AI、ビッグデータに関する経済産業省の取組について」より

図 2.5 を整理し直すと以下のようになる。

①IoT（センサー）が情報を（自動で）収集する。

②収集したデータは、ビッグデータとなる。

③ビッグデータを AI が分析し、価値（法則性、判断材料など）を見い出す。

④（人または AI の）判断に基づき、IoT（アクチュエータ）を動かす。

データの観点からみれば、AI によってビッグデータが「スマートデータ」に変換されるということである。

図2.6●ビッグデータからスマートデータへ

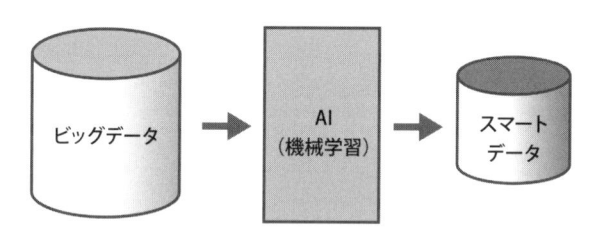

（2） スパースモデリングの位置づけ

では、スパースモデリングはこの図でどこに位置づけられるのであろうか。スパースモデリングは、（ビッグ）データの解析の段階で、データの不足を補うという役割を果たすことになる。

図2.7●スパースモデリングの位置づけ

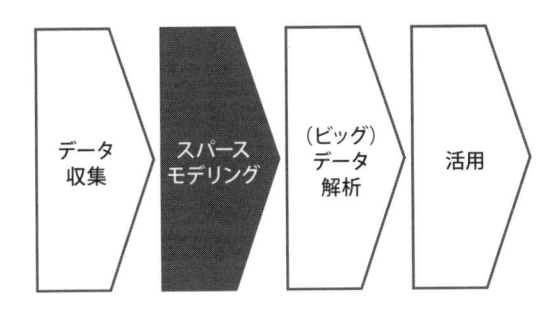

このように、スパースモデリングは第4次産業革命のプロセスにおいては、ビッグデータとの関わりが深いのである。

(3) ビッグデータの応用分野

ということは、ビッグデータの応用分野を考えれば、スパースモデリングの応用分野も浮かび上がってくると思われる。

現在、ビッグデータが使われているのは、以下のような分野である。

①流通・小売分野

まず、流通・小売の分野では、消費者の行動に関するビッグデータがマーケティングに使われている。このデータに基づいて需要予測を行ったり、広告の効果を分析したりしている。アマゾンなどのオンラインショッピングで使われている「レコメンデーション」機能などもビッグデータの分析に基づくものである。商

品を検索すると商品の情報だけでなく、「この商品を買った人は、こんな商品も買っています」というメッセージも出力される。

　またスーパーやコンビニのレジで使われているPOS（point of sales：販売時点情報管理）端末から送られてくる販売データも在庫管理や発注管理などさまざまな用途に使われている。

図2.8●スーパーのレジ

②金融分野

　金融分野ではすでにかなりの取引がオンライン上で行われるようになっている。トレーディングと呼ばれる株などの取引は、膨大なデータを分析して瞬時に売買の判断をする必要があるため、すでにコンピュータが主役となっている。

図2.9●人のいないトレーディングルーム

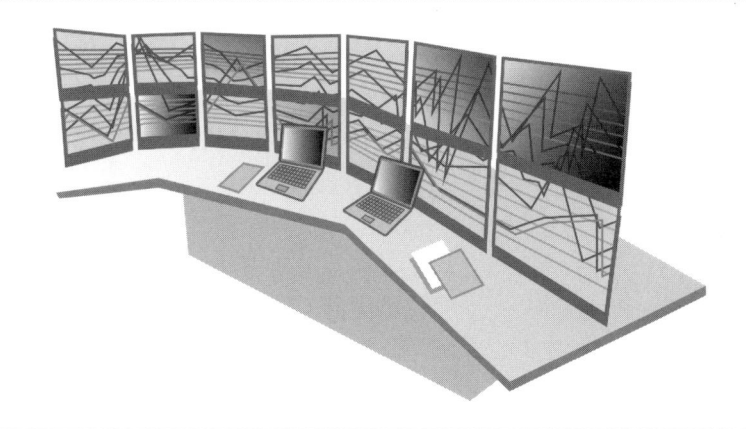

　また、保険などにおけるリスクの分析や不正な金融取引の発見においてもビッグデータの分析が役に立っている。高度な情報技術の金融への応用はフィンテック（Fintech: financial technology）と呼ばれている。

③製造分野（品質管理、需要予測、生産管理など）

　製造の分野では、製品の品質管理にビッグデータが使われている。製造ラインの各種センサーからのデータや過去の故障の情報などの蓄積から品質を判断するのである。

図2.10●品質管理

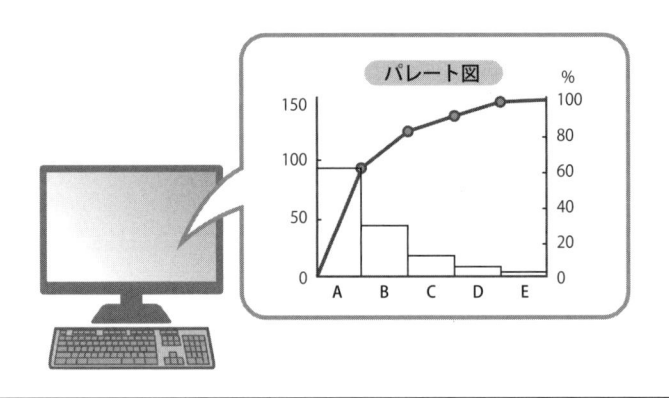

　また、需要の予測や生産管理にもビッグデータの分析が使われる。

④通信・放送分野（トラヒック解析、位置情報解析、ログ分析、視聴率分析など）

　通信の分野では、トラヒックの解析やログの分析といったビッグデータ分析が行われている。最近では、GPS を搭載した携帯電話やスマートフォンから収集される利用者の位置情報がエリアマーケティング（地域ごとのニーズに基づく営業戦略）などに利用されている。

図2.11●GPS

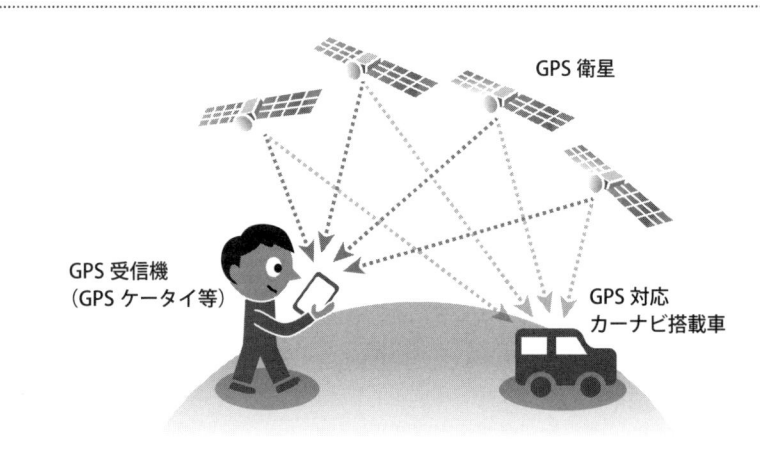

　放送の分野では、視聴率のデータの分析や番組作りなどにビッグデータの技術が応用されている。

⑤公共分野

　公共分野においては、先に見てきたように医療における診断で画像情報などのビッグデータが使われる。また、気象情報の分析に基づく予報はビッグデータ活用の代表例である。最近では防災や防犯の分野でも災害予測や犯罪予測などにビッグデータ分析が使われている。

図2.12●災害予測

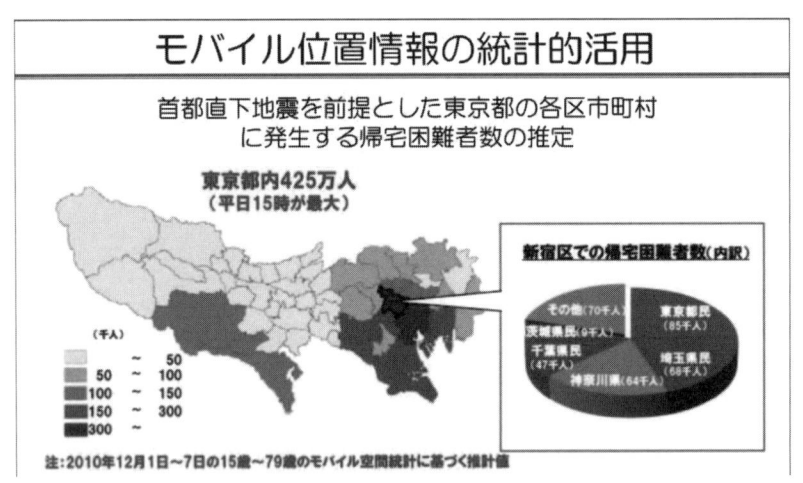

注：帰宅困難者の推計方法については、地震発生時の自宅までの距離が20km以上の人々は全員が帰宅困難者に、10km以上20km未満の人々は1km増える毎に10%ずつ帰宅困難者となる割合が増加する内閣府や東京との推計モデルに準拠

（出典：NTTドコモ提供資料）

東京大学・稲田氏講演資料「災害対策にビッグデータは使えるのか」より
http://www.soumu.go.jp/main_content/000415631.pdf

　その他、エネルギー管理や交通状況の把握など、公共分野におけるビッグデータ分析の活用範囲は広い。

（4）AI の応用分野

　ビッグデータだけでなく、AI がどんな分野に使われているのかも見ておこう。

　総務省の AI ネットワーク社会推進会議では、AI の及ぼす影響について、いくつかの分野で先行的に検討が行われているので、これが参考になる（http://www.soumu.go.jp/main_sosiki/kenkyu/ai_network/）。

　現在は以下の 10 の分野で AI の活用の検討が行われている。

①防災
②自動運転
③健康
④教育・人材育成
⑤物流・小売
⑥製造・保守
⑦農業
⑧金融
⑨公共・インフラ
⑩生活

図2.13●AIの応用分野

災害	製造・保守
移動（車両）	農業
健康	金融（融資）
教育・人材育成	公共・インフラ
小売・物流	生活

総務省「AIネットワーク社会推進会議報告書　2017」より

自動運転

　車の自動運転については2020年までに人間の補助が不要なレベルに達すると言われているが、道路の状況、歩行者、他の車などの膨大な環境情報から危険を察知して、瞬時に判断するのにAIが使われる。

図2.14●自動運転

農業

農業の分野では人手不足や後継者問題などもあり、AIへの期待が大きい。農業では天候や作物の生育状況などの情報を分析して、適切な作業をタイムリーに行う必要がある。

図2.15●農業とAI

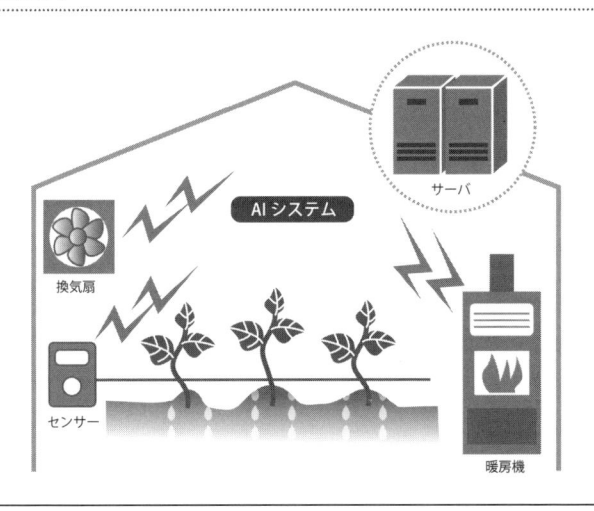

その他、銀行や保険会社のコールセンターでなどでもAIが活用されている。

(5) スパースモデリングの応用分野を考える

それでは、ビッグデータやAIが使われる分野のうち、スパースモデリングを活用できるものはどの分野だろうか。これを考えるにあたっては、第1章で見てきたように、スパースモデリングの目的や特徴に照らし合わせてみればよい。すなわち、以下の3つの観点

から応用を考えればよい。

①　（データの取得に）時間的な制約のある分野

　集めようとすれば集められるが、大量のデータを集めていると時間がかかりすぎて問題が発生するような分野。

　例えば、救急医療のように急がないと人の生命の危険があるような分野である。

②　データに（必然的に）欠損のある分野

　何らかの理由でデータが全部集められないような分野。

　囲碁や将棋の対局データは、コンピュータ同士が対戦すれば集まるので、いくらでも集められる。しかし、都合よくビッグデータが集められない場合も多い。

　過去のデータですでに一部が失われてしまっているものだとか、宇宙を理解するために必要なデータのように集めきれないほどのデータ量が必要な場合である。

③　できるだけ単純な構造のモデルを構築して、（人間に）わかりやすく説明する必要がある分野

　ディープラーニング（深層学習）では、入力と出力の因果関係が理解しにくいものも多い。そういう場合、利用する人間が納得できない技術になってしまう。単純なモデルが示せるようになれば、人間の理解度も飛躍的に向上するはずである。

　例えば、企業経営の分野では、さまざまな要因を分析して判断を行うが、重点をおくべき要因が絞り込めるようになれば、経営に革新をもたらすと考えられる。

（6）事例 － 健康管理アプリへの適用
最初のビジネス適用事例

　今年になってスパースモデリングをビジネスに適用したという新聞記事を見かけたので紹介したい（日経産業新聞、2017.6.8）。

　ハカルス社（京都市）は、「食事指導を中心とした企業向けヘルスケア・ウェルネスサービス」を提供しているベンチャー企業であり、集めた食事データをもとに管理栄養士が食事指導をしている。利用者は約11万種類の食事のデータから食べたものを選んで登録する。独自のアルゴリズムによって、食事の栄養成分の傾向などから食事のパターンを分析し、管理栄養士から「野菜を忘れずに」のようなメッセージを届けるというしくみである。

図2.17●食事指導

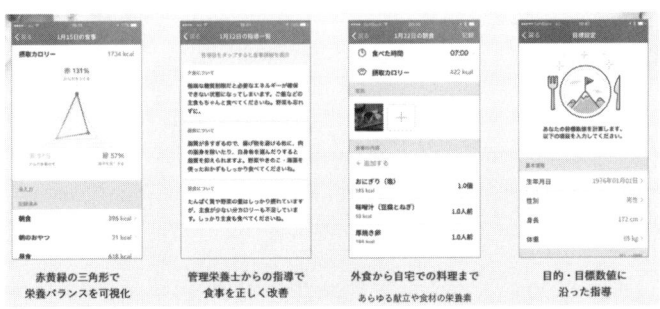

| 赤黄緑の三角形で 栄養バランスを可視化 | 管理栄養士からの指導で 食事を正しく改善 | 外食から自宅での料理まで あらゆる献立や食材の栄養素 | 目的・目標数値に 沿った指導 |

https://hacarus.com/ja/service/

　ハカルスは、この食事管理にスパースモデリングを取り入れている。食事データは個人が入力する必要があるが、めんどうくさいという理由から時々入力を忘れることも多い。それによってデータに歯抜けができるが、スパースモデリングを使えば、歯抜けのデータからでも傾向をつかむことができるのである。

　ハカルスではスパースモデリングを専門とする、東北大の大関氏がチーフ科学アドバイザーを務めている。

スパースモデリングを使ったサービスの例

　ハカルス社は 2017 年 4 月からスパースモデリングを使ったデータ分析サービスの提供を開始している。

　https://hacarus.com/ja/analysis/

　このページでは 3 つの活用例が紹介されている。

①　生命保険会社・医療機関

　「被保険者や患者の日々の生活や体重等のデータ、また診療データなどから保険料や診療費に大きな影響を与えている要因を見出し、事前予防につなげ」る。

②　一般企業

　「勤怠や人事などの労務データから良い成績を出している従業員の特徴を見極め、研修プログラム・評価制度を構築」する。

③　食品メーカー・農業生産者

　「機能性食品や機能性野菜が健康に及ぼす影響を、個人の体質や生活習慣の違いから解析」する。

　ハカルス社によれば、サービスの活用例としては他に以下のようなものが考えられるという。

- ・圧縮センシングによる医用画像の復元
- ・植物や人物の外観画像を用いた病気種類の判別
- ・ドローンによって撮影された建造物写真から破

損箇所の特定
- 膨大な経営データから売上などの KPI に影響を
  与えている要因の解明
- 様々なバイタルデータと病気リスク・医療費の
  因果関係の究明

　スパースモデリングをビジネスに活用したのは、この事例が国内では初めてであると思われるが、今後さまざまな分野での活用が広がっていくと考えられる。

3

スパースモデリング
の理論

　　第 3 章ではスパースモデリングの理論を数学を交え
て説明する。スパースモデリングの代表的な技術であ
る圧縮センシングを主にとりあげ、データが少ない状
況でなぜ真実を知ることができるか、スパース性がど
う役に立つのかを説明していく。圧縮センシング以外
の技術については 3.4 節にその概要をまとめている。

3.1　連立一次方程式

（1）連立一次方程式

　ウォームアップとして連立一次方程式から始めよ
う。

問 1

$$2x + 3y = 7$$
$$x - \ \ y = 1$$

を満たす x、y を求めよ。

　答えは $x = 2$、$y = 1$ である。何も問題はない。では、
次の問はどうだろうか。

問 2

$$2x + 3y = 7$$

を満たす x、y を求めよ。

　式が足りなくて解けないと思われる読者もいるかもしれない。その通りである。より正確にいうと解を1つに定めることができない。$(x, y) = (2,1)$、$(x, y) = (5, -1)$、$(x, y) = (-1, 3)$などなど上の方程式と矛盾しない解が無数に存在するからである。原因は未知数がx、yの2つであるのに対し、式が1つしかないことにある。この話は以下のように一般化できる。

　　　式の個数が未知数の個数より少ない場合は、連立
　　　一次方程式の解を1つに定めることはできない。

　後でみるように圧縮センシングというのは、式の個数が足りない連立一次方程式から、解がスパースであるという情報をヒントに解を導き出す方法である。

(2) スパース性の導入

　今度は上の2問とは少し異なった問題を考えよう。

問3

$$x + y + 2z = 1$$
$$x - 2y - z = -2$$

を満たすx、y、zを求めよ。ただし、x、y、zのうち0でないものは1つだけである。

　解けただろうか？　正解は$(x, y, z) = (0, 1, 0)$である。この場合は式の個数が未知数の個数より少ないにも関わらず解けてしまう。重要なことは$(x, y, z) = (0, 1, 0)$

が問の条件を満たす唯 1 つの解だということである。そのほかの (x, y, z) は連立一次方程式を満たさないか、もしくは、「x、y、z のうち 0 でないものは 1 つだけ」という記述に合致しない。よって、問の条件さえ与えられれば、誰が解こうが一切の曖昧性なく $(0, 1, 0)$ という解にたどり着くことができる。

　問 2 との違いは、「x、y、z のうち 0 でないものは 1 つだけ」というヒントが追加されたことである。0 でないものが 1 つということは裏を返せば 3 つのうち 2 つは 0 だということである。(x, y, z) のように数を要素として並べたものをベクトルとよぶ。ベクトルの多くの要素が 0 であるとき、そのベクトルはスパースであるという。$(0, 1, 0)$、$(2, 0, 0)$、$(0, 0, 3)$ などはいずれもスパースなベクトルであり、$(1, 3, 2)$、$(2 ,1, -1)$ などはスパースなベクトルではない。問 3 は解を表すベクトル (x, y, z) がスパースであるという追加条件のもとで、連立一次方程式を解く問題であったといえる。そしてこの追加条件のもとでは解が 1 つに定まるのである。以上の話を一般化してまとめると次のようになる。

　　連立一次方程式において式の個数が未知数の個数より少ない場合でも、解がスパースであるという条件を付ければ、解は唯 1 つに定まる。
　　（式の個数がいくつで、解がどのくらいスパースであるという条件を付ければ、解が唯 1 つに定まるかという話も重要であるが、本書ではそこまでは立ち入らない。）

最後に上級編として、もう1問だけ問を出しておこう。問3よりも複雑だが、この場合も解は唯1つに定まる（答えは章末付録参照）。

問4

$$w + x + 2y + 2z = 4$$
$$w - x + y - z = 1$$
$$2w + x + y + z = 5$$

ただし、w、x、y、zのうち0でないものは2つである。

（3）連立方程式を図形で理解する

本節では連立一次方程式の解が唯一つに定まるのがどういうことであるかを図形的に説明する。未知数はx、y、zの3つであるとする。

まず、式が1つもなく、スパースであるという条件も無い場合から議論を始める。この場合、x、y、zの値は何でも良いから、3次元空間上の点すべてが「解」となる。

次に式が1つの場合を考える。3次元空間において一次方程式はある平面を表すことが知られている。これは、一次方程式を満たす点を全て集めて3次元空間上に描くと平面となることを意味する。したがって、式が1つの場合、ある平面上の点が全て（連立）一次方程式の解となる。

続いて式が2つの場合だが、2つの式のそれぞれがある平面を表している。連立方程式の解は2つの式を両方満たさなくてはいけないから、1つ目の式が表す平面と2つ目の式が表わす平面とが交わってできる直

線部分が連立方程式の解となる。

　最後に式が3つの場合は、はじめの2つの式からできる直線と3つ目の平面とが交わる部分が連立方程式の解となる。特殊な状況を考えない限り直線と平面はちょうど1点で交わるため、これで連立方程式の解がちょうど1つに定まったことになる。

　以上のように、式が1つもないときは3次元空間全体が解であったのが、式が1つ増えるたびに解の範囲が平面（2次元的な図形）、直線（1次元的な図形）と狭まっていき、最後には1点となる。

図3.1●連立一次方程式の式の個数と解の範囲

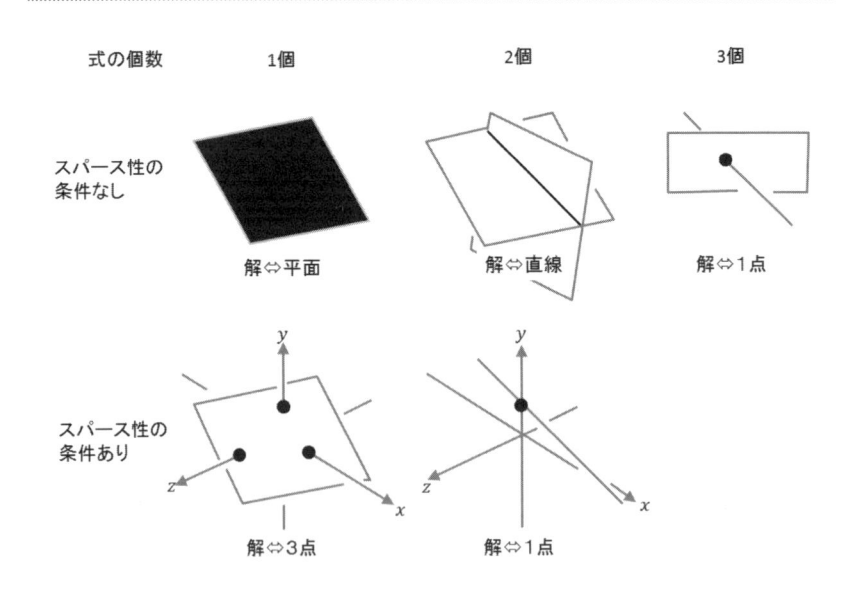

　次に、同じく未知数が3つだが、今度はそのうち少なくとも2つは0であるというスパース性に関する条件がある場合を考える。

　先程と同じように式が1つもないときから考えよう。このとき、スパース性に関する条件から$y = z = 0$または$z = x = 0$または$x = y = 0$となる。これらの式は図形的にはそれぞれx軸、y軸、z軸を表すため、これら3本の直線が解の範囲となる。

　式が1つの場合は、解の範囲がある平面に限られるが、スパース性の条件と併せると方程式から決まる平面とx軸、y軸、z軸それぞれとの交点が解となる。

　式が2つの場合は、連立方程式から決まる直線とx軸、y軸、z軸との交点が解となる。3次元空間においてでたらめに直線をひけば、その直線は大抵の場合、x軸、y軸、z軸のいずれとも交わらない。したがって、解が少なくとも1つは存在するという前提のもとでは、特殊な状況を除いて、この交点はちょうど1つになる。よって、式が2つあれば解は唯1つに定まる。

3.2 圧縮センシング

(1) MRI の例

　ここまでは連立方程式に関する理論を並べたにすぎない。だが、この理論が圧縮センシングという情報処理技術を支えており、少ないデータからでも真実を知りたいという現実の課題の解決に役に立つ。

　連立方程式と現実の問題とのつながりを、MRI を例に説明する。MRI は体内の状態を画像化する技術である。画像というのはコンピュータ上では数値を縦横に並べたものだから、その数値を求めることができればよい。この数値はいくつなのか検査前は分からないから、未知数としておこう。この未知数を仮に x、y、z とする（実際には未知数が 3 つなんてことはなく、画素の数だけ未知数が必要となる）。

　さて、MRI では磁場をかけることによって体内の様子を観測する。ただし、観測するといっても x や y の値をピンポイントで観測できるわけではない。観測結果は「$x + 2y - z$ を計算すると 1 となる」といった形式で得られる（この理由を説明するには MRI の撮像原理まで遡る必要があり、本書の範囲外とする）。これは連立一次方程式における式そのものである。

　従来の方法では、時間をかけて、連立方程式の式をひとつ、またひとつと集めることによって連立方程式を完成させ、それを解くことによって画像を作成する。連立一次方程式を解くには未知数の個数と同じ

だけ式の個数が必要であったことを思い出そう。256 × 256 のサイズの画像をつくるには、256 × 256（= 65536）個の式を集めなくてはいけない。それでは時間がかかってしまい、その間 MRI 装置の中でじっとしていなくてはいけない患者さんは大変だというのが解決したい問題である。

この問題を解決するのに、前節の（2）で導入したスパース性が役に立つ。

画像を表す数値 (x, y, z) がスパースだと仮定しよう。この場合は、式の個数が未知数の個数より少なくても未知数の値を1つに定めることができる。例えば、式が未知数の個数の半分集まった時点で観測を終えることも可能である。こうして、MRI の観測時間を短縮することができる。

MRI に限らず、このようなセンシング技術を圧縮センシングとよび、観測コストの削減やそもそも十分な観測数を確保できない現象の調査に役立つ技術として有望視されている。

（2）なぜ解がスパースだと仮定できるか

上記の説明で画像を表す数値 $(x、y、z)$ がスパースだと仮定したが、これは妥当な仮定といえるだろうか。1つ目のケースとして、通常、画像において0は黒を表すから、画像の大部分が真っ黒だと仮定できる場合はそれでよい。

さらに、2つ目のケースとして、画像自体は真っ黒でない場合でも、実は少し見方を変えるだけでスパー

　ス性が仮定できる場合がある。例えば、図 3.2 のよう
な画像を考えよう。画像の特徴として、全体的にのっ
ぺりとした部分が多く、隣接する画素間で変化のある
部分は少ないという点が挙げられる。MRI の場合に
は物質と物質の境目でのみ画素値が大きく変化するこ
とが想定されるから、MRI 画像がこの特徴をもつと
いう仮定は妥当だと考えてよいであろう。

　変化のある部分が少ないということは、隣接する画
素同士の差をとれば大部分は 0 だということであるか
ら、これはスパース性の仮定に他ならない（次項「見
方を変えても大丈夫？」も参照）。

図3.2●Shepp-Logan phantom とよばれる人間の頭部の断面の模式図

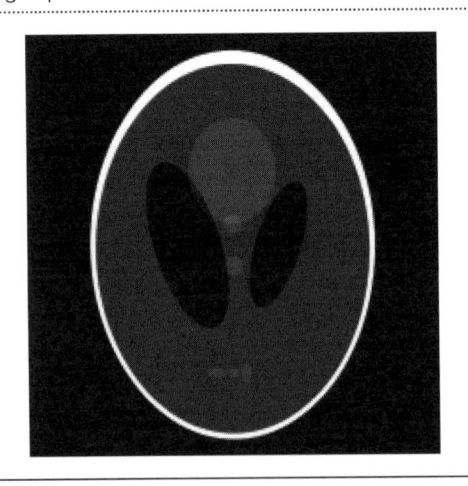

　隣接する画素同士の差に注目するというのは、見方
を変える方法の 1 つにすぎない。画像処理の世界で
は離散コサイン変換やウェーブレット変換といった手
法を考えることがあるが、こうした変換によってもス

パースなベクトルが得られることが経験的に知られている。

どういう現象に対してどういう見方をすればスパースになるかというのは、基本的に人間の持つ常識や過去の（画像なら画像、音声なら音声についての）研究結果に基づいて検討されるものである。この意味で、圧縮センシングというのは、観測データ数の不足を人間の持つ知識を活用することで補う技術であるといえる。

（3）見方を変えても大丈夫？

見方を変えればスパースになるということについては補足が必要かもしれない。前節の（2）の説明では、連立一次方程式の解そのものがスパースである場合を考えていたからである。見方を変えるという工程が挟まることよって全く別の理論が必要になったとしても不思議ではない。

見方を変えるといっても色々あるが、見方を変える前の未知数と変えた後の未知数との関係が連立一次方程式で表される場合には、解そのものがスパースである場合と全く同じ理論が適用できる。以下でその理由を説明する。やや込み入った話になるので、興味の無い方は本項を飛ばしても、その先の部分を読み進める上で問題はない。

具体例として、隣り合う画素同士の差をとればスパースになる場合を扱う。ただし、画素が縦横に並んだ平面的な画像だと少々ややこしくなるので、画素が1

列に並んだ直線的な「画像」を考える。

図3.3●直線的な「画像」と隣接する画素同士の差

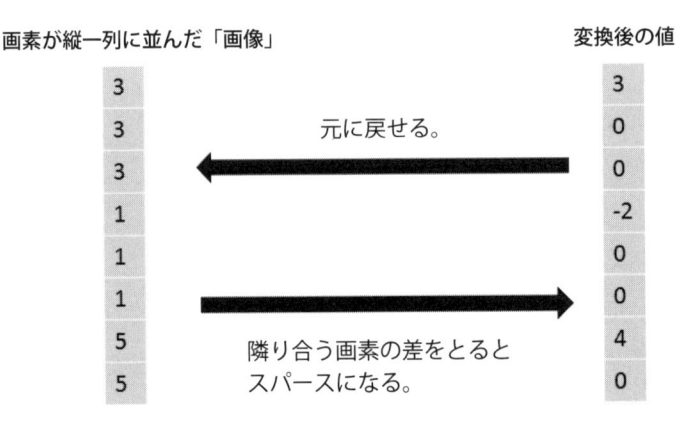

　この画像の画素値を並べたものを $(x_1, x_2, \ldots, x_n)$ とする。$(x_1, x_2, \ldots, x_n)$ は未知数であり、観測の結果として $(x_1, x_2, \ldots, x_n)$ に関する以下のような連立一次方程式が得られているとする。

$$x_1 + 2x_2 \cdots - 3x_n = 2$$
$$\vdots \tag{1}$$
$$x_1 + 4x_2 \cdots + 2x_n = 1$$

ただし、$(x_1, x_2, \ldots, x_n)$ 自身はスパースとは限らず、代わりに、隣接する画素同士の差をとれば大部分は 0 であるという仮定をおく。この仮定を利用するため、$(y_1, \ldots, y_n)$ を以下のようにおく。

$$y_1 = x_1$$
$$y_2 = x_2 - x_1$$
$$y_3 = x_3 - x_2$$
$$\vdots$$
$$y_n = x_n - x_{n-1}$$

(2)

$(y_2, \ldots, y_n)$ は隣接する画素同士の差を並べたもので、今の仮定ではこれがスパースとなる。また、一番端は差がとれないので、便宜上 $y_1 = x_1$ とおいている。上の式が見方を変える前の未知数と変えた後の未知数とを関係づける連立一次方程式となる。

この方程式を $(x_1, \ldots, x_n)$ について解くと、

$$x_1 = y_1$$
$$x_2 = y_1 + y_2$$
$$x_3 = y_1 + y_2 + y_3$$
$$\vdots$$
$$x_n = y_1 + y_2 + y_3 + \cdots + y_n$$

(3)

となる。したがって、当初の目標である $(x_1, \ldots, x_n)$ の代わりに $(y_1, \ldots, y_n)$ をまず求めて、最後に上の式を用いて $(x_1, \ldots, x_n)$ を計算すればよいことが分かる。$(y_1, \ldots, y_n)$ を求めるための手掛かりは 2 つで、1 つは $(y_1, \ldots, y_n)$ がスパースであるという仮定である。もう 1 つは観測によって得られる情報で、この情報を利用するには観測により得られた連立方程式（1）から $(y_1, \ldots, y_n)$ に関する方程式を導きだせばよい。具体的には、連立方程式（1）の左辺に式（3）を代入すれ

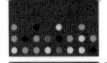

ばよいが、このとき導かれる方程式は、$(y_1, \dots , y_n)$ に関する連立一次方程式となっている。したがって、結局、連立一次方程式を解がスパースであるという仮定のもとに解くという話に落ち着く。

なお、$(y_1, \dots , y_n)$ と $(x_1, \dots , x_n)$ との関係が、例えば、$y_1 = x_1{}^2 - x_2$ や $y_2 = \sin x_2$ などのように、連立一次方程式で表せない場合は、観測結果から導かれる方程式が連立一次方程式とならず、本書で説明した理論をそのまま適用することはできない。

観測結果から導かれる方程式が連立一次方程式とならない場合（そもそも観測過程が（1）のような連立一次方程式にならない場合も含む）の取扱いは、非線形圧縮センシングという名前のもと研究されている。

（4）問題設定の整理

圧縮センシングの問題設定を整理しておく。圧縮センシングにおいては、MRI における体内の画像のように、我々が本当に求めたい答というものがある。この答はある連立一次方程式を満たすが、連立一次方程式には我々が本当に求めたい答以外に無数の解が存在し得る（式の個数が未知数の個数より少ない場合はそうなのであった）。連立方程式の解と我々が本当に求めたい答とを区別するため、後者を真実の解と呼ぶことにする。圧縮センシングの問題設定を整理すると次のようになる。

前提

- 真実の解が存在する。
- 真実の解はスパースである。
- 真実の解が満たす連立一次方程式が与えられている。ただし、式の個数が未知数の個数より少ない。

問題

以上の前提のもと、連立一次方程式と真実の解がスパースであるという情報とをヒントに真実の解を求めよ。

　なお、3.1 節で出題した問では、0 でない未知数の個数が条件として指定されていた。ここで述べた問題設定では、単にスパースであるという情報だけがヒントとして与えられる。現実の問題への応用を考えると、0 でない未知数の個数は少ないということは仮定できるが、その個数は正確には分からないという状況を考える方が都合が良いからである。

　上記が基本的な問題設定であるが、より現実的な要素をとりいれることも可能である。例えば、観測の際に観測誤差が生じることを考慮した問題設定は盛んに研究されており、本節の後半でもとりあげる。

画像は本当にスパースか

　MRI 画像などはスパースであるといっても、現実には厳密に 0 がたくさん並んでいるのでなく、0 に近い小さな値が多数を占めているということが多い。こうしたベクトルのことを近似的にスパースなベクトルという。

　有難いことに、真実の解が厳密な意味ではスパースでなく近似的にスパースなベクトルである場合でも、ℓ_1 最小化などこれから紹介する手法により、真実の解を精度よく推定できることが知られている。

(5) 解法 1：ℓ_0 最小化

　上で述べた圧縮センシングの問題に対する解法を紹介する。なお、本書で紹介するものは代表的なものであり、他にも多くの解法が存在することを先に述べておく。

　1 つ目に紹介するのは、ℓ_0 最小化（ℓ_0 ノルム最小化あるいは ℓ_0 再構成とよばれることもある）という手法である。その戦略は単純であり、連立方程式を満たす解の中で最もスパースなもの、つまり解をベクトルで表したときに 0 でない要素の個数が最も少ないものを求めるというものである。真実の解が十分にスパースであれば、ℓ_0 最小化により真実の解が得られることが知られている。

図3.4●ℓ_0最小化

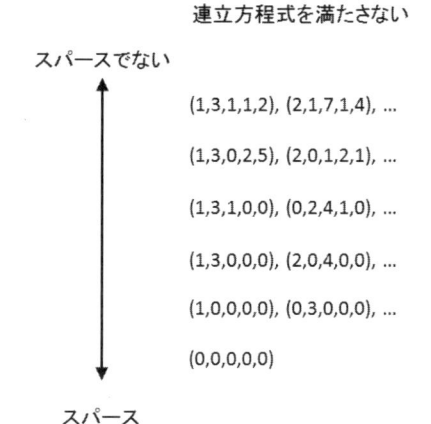

連立方程式を満たさない

スパースでない

(1,3,1,1,2), (2,1,7,1,4), ...

(1,3,0,2,5), (2,0,1,2,1), ...

(1,3,1,0,0), (0,2,4,1,0), ...

(1,3,0,0,0), (2,0,4,0,0), ...

(1,0,0,0,0), (0,3,0,0,0), ...

(0,0,0,0,0)

スパース

連立方程式を満たす

(1,1,2,1,4), (2,1,4,1,3),...

(1,1,0,1,1), (2,3,1,3,0),...

(0,1,1,1,0), (1,2,0,2,0),...

(1,0,2,0,0)

ℓ_0最小化ではこの解が選ばれる

　ℓ_0最小化は考え方は単純だが実際に実行するのは容易ではない。例えば以下のような総当たり的な実行手順を考えよう。

　まずはじめに、0でない要素の個数が1つの場合に、連立方程式を満たすものが存在するかどうかを調べる。そのために1つ目の未知数が0でない場合、2つ目の未知数が0でない場合と順に連立方程式を満たすことが可能かどうかを調べる。次に0でない要素の個数が2つの場合を、1つ目と2つ目の未知数が0でない場合、1つ目と3つ目の未知数が0でない場合と順に調べる。

　このようにスパースな順に連立方程式を満たすものがあるかどうかを調べていけば、連立方程式を満たす最もスパースな解が確かに見つかる。

　この方法は未知数の個数が4個程度の場合は実行可

能である。しかし、実際の応用で現れる問題はもっと未知数の個数が多く、この方法だと莫大な計算時間を要する。未知数の個数を n 個とすると、0 でない要素の個数が k 個の場合を全て調べるには ${}_nC_k$ 通りの場合を調べなければいけない。$n = 1000$、$k = 5$ の場合は約 8 兆通り、1 秒に 1 億通り調べたとして 1 日近くかかる。1 日なら待ってもよいが、$k = 6$ だと約 10 年、$k = 7$ だと約 1478 年かかる。いわゆる組合せ爆発という現象で、現代のコンピュータではとても手に負えない。

ℓ_0 最小化を厳密に実行する上で組合せ爆発は避けられないと考えられており、妥協案として種々の近似解法、すなわち、最もスパースである保証はないがなるべくスパースなものを選ぶための手法が研究されている。

(6) 解法 2：ℓ_1 最小化

ℓ_0 最小化で生じる組合せ爆発を回避する方法の 1 つが ℓ_1 最小化である。ℓ_0 最小化が 0 でない要素の個数が最も少ない解を探すのに対し、ℓ_1 最小化は各要素の絶対値の総和が最も小さい解を探す。

ℓ_1 最小化という名前はベクトルの各要素の絶対値の総和を数学用語で ℓ_1 ノルムとよぶことに由来する。例えば、ベクトル (x, y, z) の ℓ_1 ノルムは $|x| + |y| + |z|$ である。

ℓ_0 最小化と比べ、ℓ_1 ノルムが最も小さい解を探すのは遥かに容易であり、ℓ_1 最小化は現実的な時間で実行できる。その理由を正確に説明することは本書

の範囲を越えるが、大雑把には、ℓ_1 ノルムのグラフ
を描いたときに谷が 1 つしか存在しないことに起因
する。

　関数の最小化とはその関数のグラフの谷底のうち最
も深いものを見つける作業であるが、もし谷が複数あ
る場合は全ての谷の深さを比較しなければいけない。
谷の個数が非常に多い場合（ℓ_0 最小化がまさにそう）、
現実的な時間では実行不可能になる。一方 ℓ_1 ノルム
の場合、一つ谷底を見つければ他に谷はないことが数
学的に保証されているため、谷の深さを比較するとい
う手順が不要となり最小化が容易となる。

図3.5●ℓ_0最小化とℓ_1最小化との実行容易性の比較

谷が一つ (ℓ_1最小化)

谷が複数 (ℓ_0最小化)

グラフの谷底 = 関数の最小値

グラフの谷底 ≠ 関数の最小値
谷の深さを比較しなくてはいけない。

　ところで、ℓ_1 最小化はスパース性とどうつながる
のであろうか。スパース性こそが解を唯 1 つに定める
ための鍵だったのだから、ℓ_1 最小化などといってし

まっては真実とはほど遠い解が得られてしまうのではないかというのは尤もな懸念である。

しかし、その心配はいらない。ℓ_1 最小化を行ったときに得られる解は、スパースになることが知られている。それどころか、驚くべきことに、適当な条件のもとでは ℓ_0 最小化を行うのと全く同じ解が ℓ_1 最小化により得られることが知られている。

ℓ_1 最小化によりスパースな解が得られるというのは以下のように理解できる。まず第一に ℓ_1 ノルムの定義に現れる絶対値関数 $|x|$ は x が 0 に近いほど小さく、$x = 0$ のとき最小となる。したがって、ℓ_1 ノルムを小さくするとベクトルの各要素が 0 に近づくというのは想像がつく。しかし、得られる解がスパースになる、つまり、多くの要素がちょうど 0 になるということを確かめるにはこれでは不十分で、関数の形をより詳しく調べる必要がある。

ベクトルの要素が x と y との 2 つだとして、xy 平面上での ℓ_1 ノルムの等高線（ℓ_1 ノルムが一定である点を結んでできる線）の形を考える。ℓ_1 ノルムの等高線は図 3.6 のような正方形となる。小さい正方形は ℓ_1 ノルムの小さな点の集まりであり、大きい正方形は ℓ_1 ノルムの大きな点の集まりである。

一次方程式を満たす解は直線で表されるから、ℓ_1 最小化によって得られる解は、方程式の表す直線と交わる最も小さな正方形を探しその交点を求めることによって得られる。原点を中心とする正方形をだんだん大きくしていったとき、初めて直線とぶつかるのはどこであるかを探すことをイメージするとわかりやすい

かもしれない。正方形は x 軸と y 軸の方向に尖っているから、x 軸または y 軸上で直線とぶつかる可能性が高い。そして、どちらかの軸上でぶつかったとき、もう片方の座標は 0 になっている。これが ℓ_1 最小化によりスパースな解が得られる理由となる。

図3.6●ℓ_1 最小化によりスパースな解が得られる理由

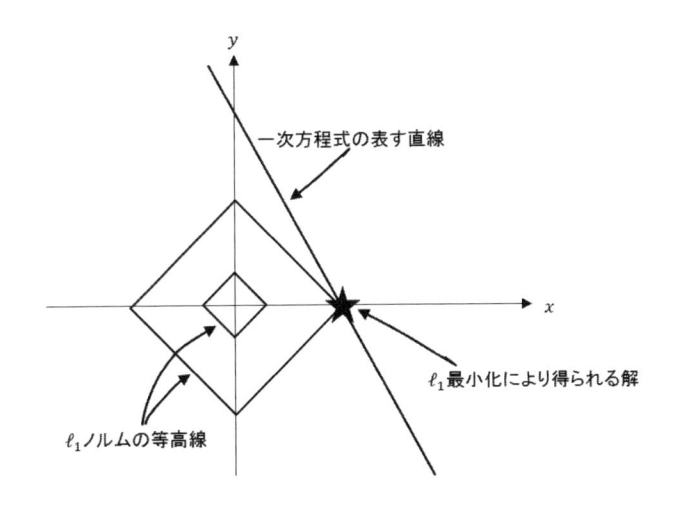

(7) 観測誤差・ノイズがある場合

実際の MRI の検査などでは観測誤差やノイズが生じる。圧縮センシングを現実の問題に適用する上で重要な課題である、観測誤差・ノイズの扱いについて説明する。

観測誤差やノイズが生じるということは、連立一次方程式が厳密には成り立たないことを意味する。とは

いえ、連立方程式の左辺と右辺の値は全く無関係な値ではなく、観測誤差や想定されるノイズの大きさの範囲内には収まるであろう。

そこで、左辺の値と右辺の値とがお互いに近いという仮定をおき、その近さを測る指標として二乗誤差というものを導入する。例えば、誤差が無い場合の連立方程式を

$$2x + 3y = 4$$
$$x - \ y = 1$$

とした場合、二乗誤差は $(2x + 3y - 4)^2 + (x - y - 1)^2$ となる。左辺の値と右辺の値とが近いという仮定にもとづき、この二乗誤差が小さい解を探すことを考える。二乗誤差を小さくするというアイデアと、解をスパースにするための ℓ_1 最小化のアイデアとを組み合わせると

$$(2x + 3y - 4)^2 + (x - y - 1)^2 + \lambda(|x| + |y|) \tag{4}$$

を最小にする x、y を探すという方法にたどり着く。この方法は LASSO（Least Absolute Shrinkage and Selection Operator）と呼ばれている。初めの2項が二乗誤差、後の項が ℓ_1 ノルムである。後の項にでてくる λ は、正則化パラメータとよばれるもので、二乗誤差を小さくすることと ℓ_1 ノルムを小さくすることとのどちらをより優先するかをコントロールする定数である。観測誤差がある場合には真実の解をピタリとい

いあてることはできないが、それと近い解が LASSO を用いることにより得られることが知られている。

第 1 章の図 1.5 に記載した式は実はこの LASSO を表す式と実質的には同じものである。これを確かめるため、まず二乗誤差の部分を行列とベクトルを用いて書き直す。

$$A = \begin{pmatrix} 2 & 3 \\ 1 & -1 \end{pmatrix}, \quad \vec{b} = \begin{pmatrix} 4 \\ 1 \end{pmatrix}, \quad \vec{x} = \begin{pmatrix} x \\ y \end{pmatrix}$$

とすると、

$$A\vec{x} - \vec{b} = \begin{pmatrix} 2x + 3y - 4 \\ x + y - 1 \end{pmatrix}$$

である。ここで、ベクトル $\vec{z} = (z_1, z_2)$ に対し $\|\vec{z}\|$ を $\|\vec{z}\| = \sqrt{z_1^2 + z_2^2}$ で定義すると、結局二乗誤差の部分は $\|A\vec{x} - \vec{b}\|$ を 2 乗したものとなる。一方、ℓ_1 ノルムの方は、絶対値の和をシグマ記号を用いて $\sum_i |x_i| = |x_1| + |x_2|$ という記号で書くことにすると、最終的に式（4）は

$$\|A\vec{x} - \vec{b}\|^2 + \lambda \sum_i |x_i| \tag{5}$$

となり、第 1 章に現れた式と使っている文字を除いて一致する。

3.3 アルゴリズムと実装

(1) ℓ_1 最小化・LASSO のアルゴリズム

前節では ℓ_1 最小化および LASSO によって、真実の解またはそれと近い解が得られることを述べた。では、ℓ_1 最小化や LASSO を実行するには、具体的にはどのようにすればよいだろうか。

ある目的を達成するために定められた具体的な方法・手順のことをアルゴリズムとよぶ。ここでは、最後に紹介した LASSO を実行するためのアルゴリズムの一つである、近接勾配法と呼ばれる手法を紹介する。なお、近接勾配法は LASSO 専用のアルゴリズムでなく、与えられた関数の最小値を求めるためのより汎用的な手法である。近接勾配法を LASSO に適用したものは、Iterative Soft-Thresholding Algorithm ともよばれる。

アルゴリズムの概略は以下のとおりである。

まず、何でもよいから $\tilde{x}$ の値を定める。そして、二乗誤差が小さくなる方向に $\tilde{x}$ を一歩動かす。これだけではスパースな解が得られないので、今度は ℓ_1 ノルムが小さくなるように $\tilde{x}$ を修正する。以降、二乗誤差を小さくすることと、ℓ_1 ノルムを小さくすることを繰返し行うことによって、最終的に式（5）を最小にする $\tilde{x}$ が得られる。

図3.7●近接勾配法

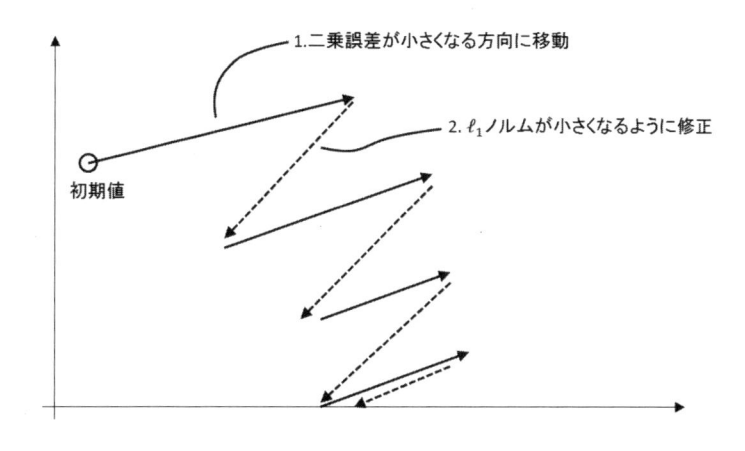

1.二乗誤差が小さくなる方向に移動

2. ℓ_1ノルムが小さくなるように修正

初期値

（2） python による実装

　近接勾配法をプログラミング言語で実装するのは難しくない。図 3.8 に python による実装を示す。python は人工知能やビッグデータ解析の分野でよく用いられるプログラミング言語である。

　筆者の手元で下記のプログラムを実行した結果、真実の解が (0, 2, 0) であるのに対し、(0, 1.995, 0) という解が得られた。また、冒頭の USE_SPARSE_MODELING = True を USE_SPARSE_MODELING = False に変更すると、スパースモデリングを使わずに、二乗誤差を小さくするステップだけを実行することができる。結果は (0.196, 1.910, 0.389) となり、スパースモデリングを用いた場合と比べ、真実の解をうまく捉えられていないことがわかる。

pythonをインストールすれば一般的なノートPCで
も実行できるので、ぜひお手元でスパースモデリング
の威力を実感していただきたい。

図3.8●pythonによる近接勾配法の実装

```python
# -*- coding:utf-8 -*-
import numpy as np

USE_SPARSE_MODELING = True
np.random.seed(1)

x0    = np.array([0.0, 2.0, 0.0])     # 真実の解
A     = np.array([[1.0, 2.0, 0.0],
                  [2.0, 0.1, 1.0]])   # 一次方程式の係数
noise = 0.01 * np.random.randn(2)     # 観測ノイズ
b     = A.dot(x0) + noise             # 観測結果

lam   = 0.05              # LASSO の正則化パラメータ
T     = 100               # 繰返し回数
alpha = 0.1               # 歩幅
x     = np.array([0,0,0]) # 初期値

for t in range(T):
    error = b - A.dot(x)
    x     = x + alpha * A.transpose().dot(error)
    print(u'{}回目'.format(t),
          u'bとAxとの二乗誤差を小さくする', x)
    if USE_SPARSE_MODELING:
        x = x - np.sign(x) * np.minimum(abs(x), lam * alpha)
        print(u'{}回目'.format(t),
              u'xをスパースにする', x)
```

3.4 その他の技術

　本節では圧縮センシング以外のスパースモデリングの技術の概要を説明する。

(1) 統計的推定および機械学習における LASSO

　LASSO は、Tibshirani により提案された手法であり、圧縮センシングの登場以前から、統計学や機械学習の分野で使われてきた。

　機械学習では何かしら興味のある変数（例えば明日の売上）を説明変数とよばれる変数（店舗立地条件、曜日など）を用いて予測することがよく行われる。この際、説明変数の個数が多くなると、安定した予測を行うために必要なデータ数が増加する、得られた予測式を人間が理解するのが大変になるといった問題が生じる。

　LASSO を用いると、重要でない説明変数の予測式への寄与が 0 になるため、不要な説明変数を自動で除去することが可能となり、上記の問題の解消に役立つ。

(2) graphical LASSO

　(1) で紹介した LASSO の利用法は、ある予測対象と多数の説明変数との関係性をデータから明らかにするためのものである。

　次に紹介する graphical LASSO は、たくさんの変数

があるときに、どれとどれとが関係しあっているのか
を推定するのに使える手法である。graphical LASSO
では、全部の変数同士が互いに関係しあっているので
なく、直接関係し合っている変数ペアは少数個である
という仮定がおかれる。このために、LASSO 同様、
シンプルで人間に理解しやすい結果が得られる。

図3.9●graphical LASSO

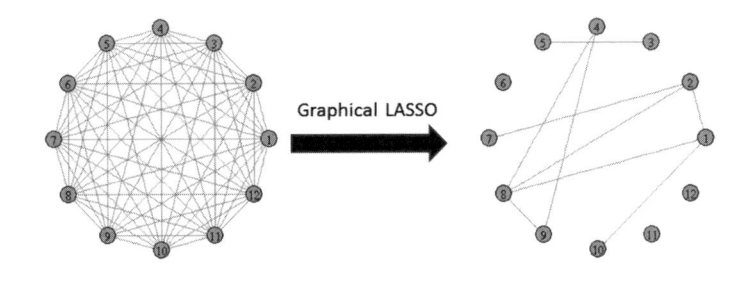

複数の変数間の関連性を調べる問題。
一つ一つの円が変数を表し、関連のある変数間を線で結んでいる。

（3）辞書学習・スパースコーディング

　圧縮センシングでは、物事をスパースなベクトルで
表すために、人間がある特定の見方を指定する必要が
ある。これに対し、どういう見方をすればスパースな
ベクトルで表せるかをデータから学習しようというの
が、辞書学習である。

　例えば、画像データをたくさん用意することによっ
て、それらに共通した性質をあぶりだすことができ、
この画像データセットならこういう見方をすればスパ

ースなベクトルになるということが学習できる。

　また、辞書学習と同様の技術にスパースコーディングというものがある。こちらは神経科学において受容野のふるまいを説明するために提案されたという背景をもつが、手法の中身自体は辞書学習とほぼ同じである。

（4）行列分解

　購買サイトなどにおいて、ユーザにおすすめの商品を提示することは広く行われるようになった。こうした商品の推薦手法の中で代表的な手法といえるのが行列分解を用いた手法である。

　商品の推薦は購買履歴やレビュースコアといったデータをもとに行うことが多いが、ユーザがまだ購入もレビューもしていない商品を好むかどうかを予測する必要があるという意味でデータ不足を補う必要がある。そこでスパース性の仮定を導入する。

　ここでの仮定は、「ユーザの嗜好や商品の特性はブランド品が好きか価格重視かといった少数個の軸で表わせ、各ユーザの個別の商品に対する嗜好はこれら少数個の軸から計算できる」というものである。行列分解の手法を用いると、このような軸を人間が予め定義することなく、購買履歴などのデータから自動で抽出することができる。

（5）ディープラーニングにおけるモデル圧縮

　画像解析をはじめとする様々な分野で利用が進んでいるディープラーニングは、画像の識別などにおいて従来の手法を大きく越える精度を誇る一方、GPU（Graphics Processing Unit）などの潤沢な計算資源を要するのが欠点である。計算資源の問題は、特に自動車やモバイル機器などでディープラーニングを実行する上では、重大な問題となると考えられる。

　そこでスパースモデリングの手法を用いて、計算結果に大きな影響を与える部分のみ残し、その他の重要でない計算処理を省略するという方法が研究されている。これにより、識別精度など出力の質を保ちつつ高速化・省メモリ化・省電力化を達成することが期待されている。

3.5 まとめ

　第3章では、なぜスパースモデリングのようなこと
が可能なのかということを数学を交えて説明した。観
測データだけからは唯一に定まらない答えを1つに定
めるのにスパース性が役立つことを説明し、具体的な
手法として ℓ_1 ノルムを用いた方法を紹介した。

　最後に、スパース性の優れている点をまとめてお
く。

　3.2節において、「観測データ数の不足を人間の持つ
知識を活用することで補う」という言い方をした。で
あれば、スパース性に限らずとも人間の持つ知識なら
何でも良いのだろうか。

　実は必ずしもスパース性に限る必要はないが、一
方、何でも良いかというとそうではない。スパース性
が注目に値する理由として、下記の3つを兼ね揃えて
いる点が挙げられる。

(1) 現実の問題とよくマッチする
　　3.2節でとりあげたMRI以外にも、第1章で例
　　にあげた地下構造、カンニング、ブラックホ
　　ールなど、スパース性は現実の問題にたいし
　　て妥当な仮定となることが多い。このように、
　　スパース性は我々の住む世界において、普遍
　　性を持つと考えられている。

(2) 解の候補を絞り込む力が強い
　　解がスパースであるという条件をおくと、連

立方程式の式の数が足りなくても解を1つに定められることを述べたが、スパース性はこの解の候補を絞り込む力が強い。この性質のおかげでデータの不足を補うことが可能となっている。

(3) 効率の良い活用手段が存在する

いくら解を絞り込む力が強くても、その性質を実際に活用するアルゴリズムが無くては、潜在的な可能性のまま終ってしまう。ℓ_1最小化のような短時間で実行できる効率の良い活用手段が存在することはスパース性のもつ3つ目の長所である。

日本と赤道周辺とはどちらの面積が広い？

　スパース性が解の候補を絞り込む力が強いということを説明する例として、こんな話を考えよう。

　今から宝探しにでかけるとする。宝探しのヒントとして、宝は日本のどこかにあるといういわれた場合、探すべき面積は日本の総面積約 38 万平方キロメートルである。一方、宝は緯度が 0 度の赤道上か経度が 0 度の本初子午線上かのどちらかにある（すなわち宝の位置を緯度・経度で表すとスパースになる）というヒントが与えれた場合はどうだろうか。

　赤道を中心とする幅 1 メートルの道を探すとした場合、赤道 1 周で探すべき面積はたったの約 40 平方キロメートルである。これに本初子午線の分を加えても約 60 平方キロメートル。これは、東京都の大田区とほぼ同じ面積であり、日本全土の 0.02％に満たない。

　もちろん、実際に宝を探す手間は面積と必ずしも比例しないだろうが、スパースであるというヒントの強力さを示す一例である。

参考文献

[1] 伊庭幸人, 池田思朗, 麻生英樹, 井手 剛, 本谷秀堅, 日野英逸, 尾崎 隆, "スパースモデリングと多変量データ解析," 岩波データサイエンス, 岩波書店, Vol.5, pp.4-115, 2017.

[2] 大関真之, "今日からできるスパースモデリング," http://www-adsys.sys.i.kyoto-u.ac.jp/mohzeki/Presentation/lecturenote20160304.pdf, 2016.

[3] 田中利幸, "圧縮センシングの数理," 電子情報通信学会, 基礎・境界ソサイエティ Fundamentals Review, Vol.4 No.1, pp.39-47, 2010.

[4] M. Elad（玉木徹訳）, "スパースモデリング—ℓ_1／ℓ_0 ノルム最小化の基礎理論と画像処理への応用," 共立出版, 2016.（原著：M. Elad, "Sparse and Redundant Representations: From Theory to Applications in Signal and Image Processing", Springer, 2010.）

[5] 冨岡亮太, "スパース性に基づく機械学習," 講談社, 2016.

章末付録

3.1 節、問 4 の解答

$w = 2$、$x = 0$、$y = 0$、$z = 1$。

python のインストールおよび実行方法

　3.3 節に記載したプログラムを実行するには、python をお使いのパソコンにインストールすることが必要である。ここでは、Anaconda を利用したインストール方法を紹介する。

　Anaconda は Continuum Analytics 社によって提供されているソフトウェア集である。Anaconda を利用することにより、python そのものに加え、科学技術計算やデータ分析などに便利なパッケージを同時にインストールすることができる。

(1) Continuum Analytics 社の提供するウェブページ（https://www.continuum.io/downloads）より、Anaconda のインストーラをダウンロードする。

　Windows、macOS、Linux のそれぞれに対してインストーラが用意されている。以降は Windows 環境を前提に説明する。また、「Python 3.6 Version」と「Python 2.7 version」とがあるが、ここでは「Python 3.6 Version」を選択する。

図3.10●Anacondaのインストーラのダウンロード用ページ

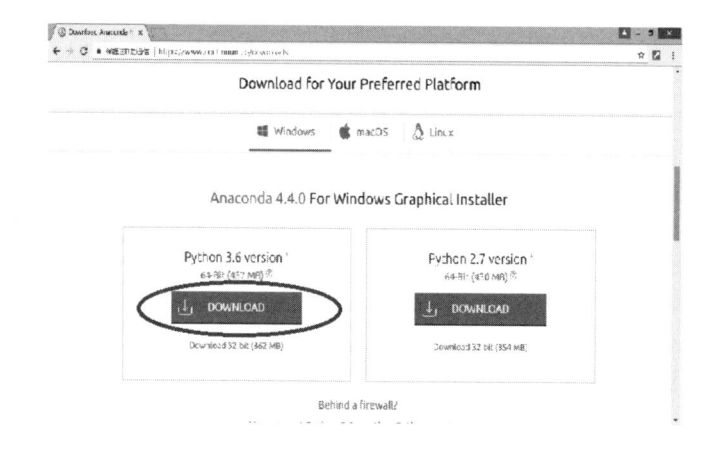

(2) ダウンロードしたインストーラを実行する。

いくつか選択項目が表示されるが、こだわりがなければ、デフォルトのまま Next を押しても問題ない。インストール作業は以上である。

3.3 節のプログラムを実行するには、まず図3.8 と同じ内容が書かれたファイルを適当なテキストエディタなどで作成し保存する（ここでは C:¥Users¥matusita¥lasso.py という名前で保存したものとする）。ただし、保存の際の文字コードは UTF-8 を指定する。そして Anaconda Prompt というアプリケーションを実行し、表示される黒い画面で

```
python C:¥Users¥matusita¥lasso.py
```

を実行する。

図3.11●Anaconda Promptからの実行

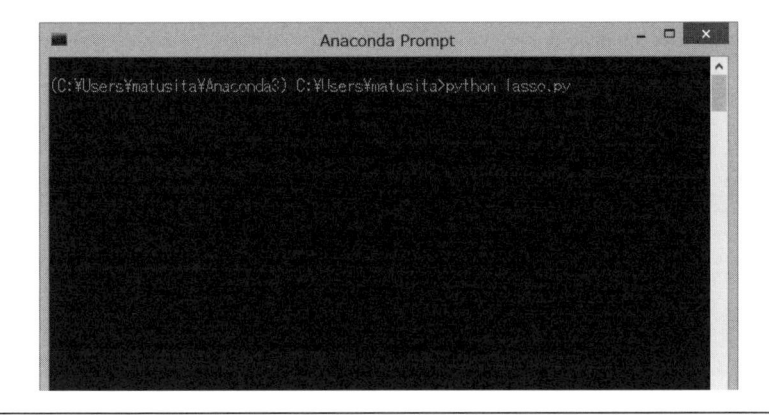

4

スパースモデリング
の研究動向

本章では、スパースモデリングの研究動向について
歴史を振り返りながら紹介する。また、日本の研究事
例、海外の情報源をまとめ、スパースモデリング研究
の枠組みを概観する。

4.1　これまでの歴史

　スパースモデリングが関わる研究分野は、基礎分野
から応用分野まで広範囲に及び、かつ、「計測技術革
命」ともいわれるほど急速に発展している。基礎分野
としては、情報理論、数学、統計学、信号処理、画像
処理、応用数理など、情報処理の基礎となる分野で研
究が進められており、応用分野としては、計測工学、
通信工学、認知工学、医学、生命科学、脳科学、地球
科学、天文学など、幅広い分野の課題解決に役立ちつ
つある。

　さまざまな研究がなされている背景には、デジタル
化の進展によるコンピュータ処理能力のハードウェア
的な進化があるが、スパースモデリングの画期的な
特徴は、情報理論であり、ソフトウェア的なものであ
る。

（1）圧縮センシング

　中でもブレークスルーとなった技術は、第3章
でも説明している「圧縮センシング」（Compressed

Sensing、Compressive Sensing）と呼ばれる技術である
といえる。まず、この圧縮センシングについて、情報
理論や数学という情報科学の視点で振り返ろう。

　圧縮センシングとは、一言でいうと、スパース性を
持つ高次元の信号を少ない観測から復元する手法であ
る。

　この手法は、当時カリフォルニア工科大学のキャ
ンデス（Emmanuel J. Candès、現スタンフォード大学
教授）が 2004 年 2 月に思いつき、友人の数学者タオ
（Terence Tao、カリフォルニア大学ロサンゼルス校教
授。2006 年フィールズ賞受賞者）と一緒に開発した
といわれている。同時期にこの分野の数学の大家であ
るスタンフォード大学のドノホ教授（D. L. Donoho、
キャンデスはドノホの教え子）も「Compressed
Sensing」というタイトルの論文を IEEE に投稿してお
り、彼らの業績と位置付けられている [1] [2] [3]。

　圧縮センシングが歴史的に革命的な意味をもつの
は、現在のデジタル化技術の根幹を成すシャノンの標
本化定理の枠組みを一定の条件下で破るものである、
という点である。この一定の条件の中に対象データの
スパース性が含まれており、圧縮センシングがスパー
スモデリングの技法の 1 つであるといわれる所以にな
っている。

　シャノンの標本化定理とは、アナログ信号をデジタ
ル信号に変換する際に、どれくらいの間隔で標本化
（サンプリング）すればよいかを定量的に示した定理
である。

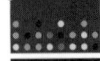

Column

標本化定理（サンプリング定理）

　アナログ信号をデジタル信号に変換する際、アナログ信号に含まれる最大周波数の2倍以上の周波数で信号を標本化（サンプリング）すると、もとのアナログ信号の連続波形を再現できるという定理。米国の物理学者ハリー・ナイキストによって予想され、のちに情報理論の創始者クロード・シャノンが証明した。サンプリング定理、ナイキスト・シャノンの定理とも呼ばれている（デジタル大辞泉より引用）。

図4.1●アナログ信号のデジタル信号への変換（標本化定理）

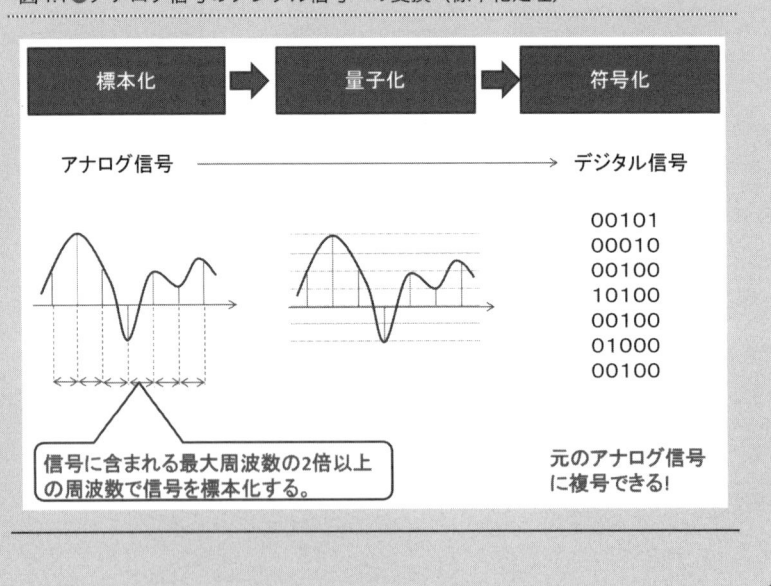

これに対して、圧縮センシングは、より少数の観測数から元の信号を復元できるとした理論であり、標本化定理の枠組みに反するデータ取得、データ圧縮方法なのである。ただし、圧縮センシングは、観測対象デ

ータがある表現空間では「スパース」であると仮定する、という条件のもと成立する。「スパース」の定義は、すでに第1章で述べているように、「物事やデータの本質的な特徴を決定づける要素はわずかである」という性質のことを指す。自然界に存在する人間を含む動植物の機構や動き、地物、天体、自然現象、さらには人間が知覚する画像、音声なども含め、スパース性のある情報は遍在しており、圧縮センシングの適用範囲は非常に広い。

　圧縮センシングのさらに画期的なところは、その名前の由来になっている通り、「圧縮しながらセンシングすること」であり、復元できる範囲で情報量を桁違いに落とすことができる点である。

　従来のデジタル画像圧縮に用いられているJPEGのような圧縮方式では、信号を符号化する送信側の圧縮処理の負荷と圧縮後のデータ量が大きく、高速処理と巨大なメモリが必要であったが、圧縮センシングでは、符号化する送信側がランダムに情報をサンプリングして記録しても、受信側の処理でカバーして復元することが可能である。そもそも測定後に圧縮するのであれば初めから間引いて測定してもいいのではないかという効率的な計測方法であるともいえる。従来手法と圧縮センシングの比較を図4.2に示す。

図4.2●従来手法と圧縮センシングの比較

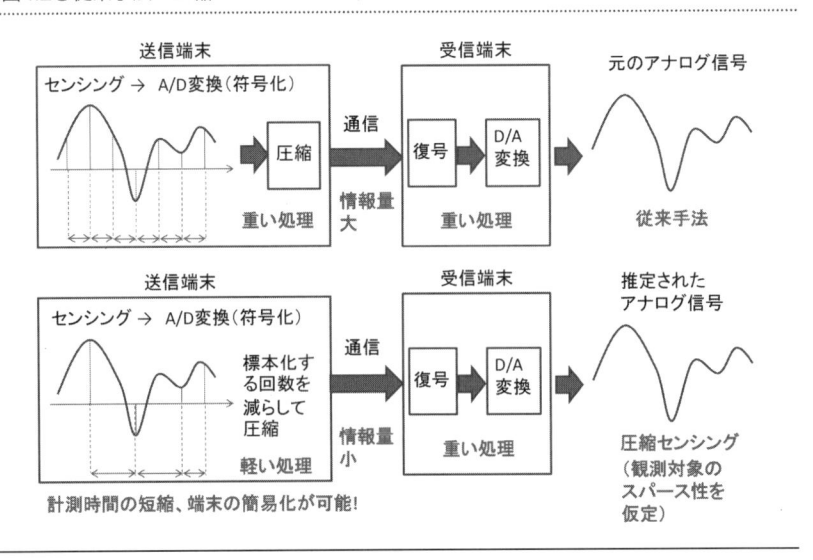

　この特徴を活かすことで、計測時間の短縮、計測機
器の簡易化が可能になり、実用化に向けた経済性も含
めて、まさに「計測技術革命」が起ころうとしている。
　例えば、「はじめに」で取り上げた MRI 画像取得の
時間短縮は従来の機器を改良した例である。医療分野
での MRI 画像への圧縮センシングの応用研究は、こ
の技術が注目を浴びる契機になったものであり、実用
化に向けて急速に進展している [4]。また、計測機器自
体を簡易化する例として、1 ピクセルカメラの開発な
ど、安価な画像入力センサーが実用化されようとして
いる。昨今話題になっているセンサーネットワークを
利用した IoT の活用を促進する技術であるといえる。
図 4.3 に示したのは、MIT で研究されている 1 ピクセ
ルカメラの例であり、レンズを使用しないレンズレス

カメラの開発事例でもある [5]。

図4.3●1ピクセルカメラ（http://web.media.mit.edu/~guysatat/singlepixel/）

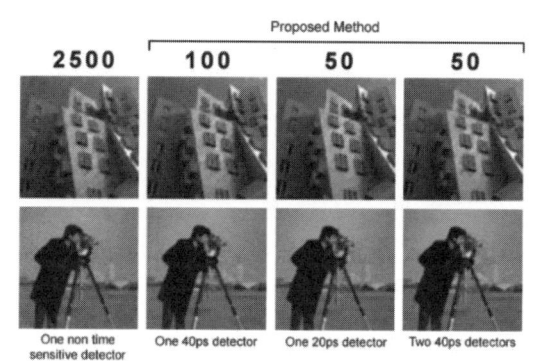

MITのレンズレス1ピクセルカメラによる撮像（写真の右から3列）は、従来のもの（写真の一番左列）に比べ、撮影量と撮影時間を劇的に減少させることに成功している。

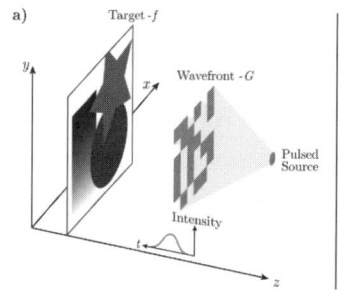
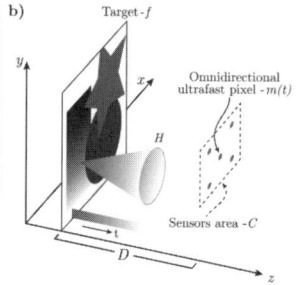

　キャンデスは、この技術を当初は圧縮サンプリングとも呼んでいた [6]。現在、圧縮センシングという言葉で呼ばれている理由は、ドノホがこの言葉を使ったことにもよるが、単なるサンプリングではなく、知覚（センシング）に通じるものがあるからであろう。

（2）第3次AIブーム

　ここで、人間の知覚を研究してきた認知工学、AI技術の発展について振り返ろう。現在は、第3次AIブームといわれている。第1章でも述べているように、コンピュータの発展の歴史は、コンピュータをいかに人間の脳に近づけるかの研究の歴史でもある。スパースモデリングで行われていることは、人間の脳で行われていることに近い。

　例えば、ニューラルネットワークの研究の中で取り入れられている「スパースコーディング」という技法は、ニューラルネットワークの各ユニットのほんの一部しか反応しないようにして学習する方法である。これによって、情報保存量を増やしたり、信号の構造をはっきりさせたり、複雑な情報を単純化して次の処理に回したり、省エネ効果などのメリットがあるという[7]。また、ディープラーニングではニューラルネットワークを多層化することにより脳の模倣でビッグデータからの特徴抽出の自動化を実現しているが、ここにもスパースコーディングの技法が利用されている。しかし、従来、パターン認識の特徴を人間が与えていたのに対して、自動抽出された結果でなぜうまくいくのか分からない部分もでてきているという。

　図4.4にAI技術の進化の過程を示した。1950年代の第1次AIブーム、1980年代の第2次AIブームは、「脳／生体の模倣」と「論理／知識処理」を柱に研究が進んでいたが、コンピュータの性能向上に伴い、より忠実に脳の神経活動を扱う「脳科学的アプローチ」と大容量データを確率論的に情報処理する「統計学的アプ

ローチ」が加わることにより、2010年代となり第3
次AIブームが起きている。

図4.4●AI技術の進化とコンピュータの性能向上

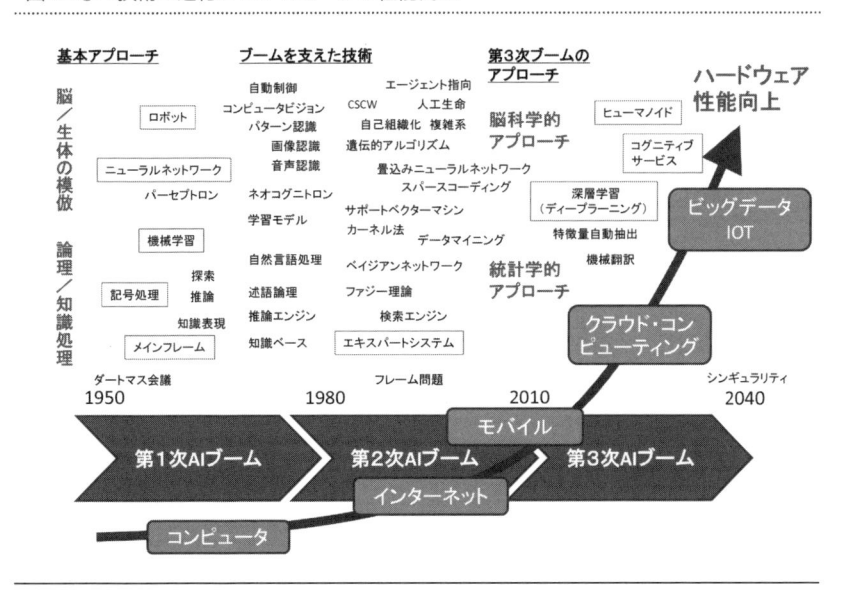

さて、AI技術というのは、実現されると人間の能
力と比べて限界が見えてしまい、知能といえなくなる
という課題が根本にある。第2次ブームでの限界は、
「フレーム問題」と呼ばれており、エキスパートシス
テムの知識ベースを構築するといっても、結局、人間
がルールをインプットしなければならないというのが
課題であった。常識をいかに扱うか、についても、ル
ールを作るしかなかった。当時は、この知識獲得のた
めの学習の問題に対する解決策として、ニューラルネ
ットワークによる学習が研究のトレンドの1つではあ
ったが、当時のコンピュータの処理能力では限界があ

った。

　第3次ブームは、デジタル化の進展によるコンピュータ処理能力向上の恩恵を受け、またインターネット上に蓄積された膨大な量の情報を活用し、ビッグデータ解析、機械学習、ディープ・ラーニングの研究が進展し、人工知能が人間を超える能力を発揮しつつある。Google の AlphaGO が人間の囲碁のチャンピオンに勝ったり、IBM のワトソン技術が人間のクイズ王に勝ったりした事例は、まさに限界を破りつつある兆候と見られている。特定の分野に特化したものではあるが、知能と認めざるを得ない側面が出てきているといえる。まだまだ人間の脳のコンパクトな汎用性には全く及ばないが、人工知能が人間同等レベルから加速度的に進化するといわれる 2045 年シンギュラリティ（技術的特異点）説もあながちありえない話ではなくなってきている。図 4.5 にレイ・カーツワイルのシンギュラリティの本を示す [8]。余談ではあるが、原著のペーパーバック版が 672 ページあるのに対し、日本語エッセンス版は 256 ページである。日本人は情報を圧縮して理解したり、行間を読んだりするのが得意であり、スパースモデリング的な考え方に馴染むところがあるかもしれない。要約と足りないデータを補うスパースモデリングは別物ではあるが、複雑な構造を分かりやすくする、つまり、変数を削り少ない情報で本質を理解する考え方という点での共通点はあるように思われる。

図4.5●シンギュラリティの本（著者：レイ・カーツワイル）

The Singularity Is Near: When Humans
Transcend Biology
Author：Ray Kurzweil 2005
（http ://www.kurzweilai.net/the-singularity-is-
near-when-humans -transcend-biology）

シンギュラリティは近い
[エッセンス版]
人類が生命を超越するとき 2016
レイ・カーツワル (著),
NHK 出版 (編集)

　このような状況の中で、Alphabet（Google）、Amazon、Facebook、IBM、Microsoft は、2016 年 9 月に「Partnership on AI」という NPO 団体を立ち上げた。2017 年 1 月には、Apple も加わり、米国の大手 IT6 社が AI 技術の推進に力を入れている。AI 技術活用に関して倫理やプライバシー問題などを含め、オープンに議論する場を提供している。各社は AI 技術を活用して「コグニティブ・サービス」を展開しようとしている。例えば、Google は Google Now や Google Cloud Machine Learning、Amazon は Amazon AI、Facebook は fastText、IBM は Watson Machine Learning、Microsoft は Microsoft Azure Cognitive Services、Apple は iPhone 上で動く Siri を提供している。

スパースモデリングが AI 技術に影響を与える部分は限られているが、スパースモデリングは、人間の脳に近いセンシング技術を発展させるものと考えることもでき、人工知能の判断が人間に理解できなくなるという状況をモデルを単純化することで緩和する役割を担えるかもしれない。また、人工知能の考え方をスパースモデリングの単純化した解釈により人間が学ぶという分野も出てくると考えられる。言語習得やスポーツの上達など、単なる知識だけでは学習できない分野、特に、学習者の思い込みや癖により学習が伸び悩んでしまうような分野で、学習者の状況に応じた客観的で効果的なアドバイスを出すことができるようになる可能性もある。第 2 章のハカルス社のデータ分析サービス事例や第 3 章の商品の推薦手法、および、米国の IT 企業が提供する「コグニティブ・サービス」は、スパースモデリングが AI 技術に影響を与える分野といえる。

(3) スパースモデリングの歴史の振り返り

　スパースモデリングの先駆的な研究としては、圧縮センシングに先立ち、「スパース推定」の手法と理論としての歴史がある。ここで「推定」という言葉が出てくるのは、統計学の流れがあるからで、統計学でいう推定は、「標本集団から母集団の特徴を推定すること」である。すなわち、「サンプリングした一部のデータの特徴から全体の特徴をモデル化すること」である。スパース推定は、データがスパースであるという

仮定の下でサンプリングしたデータの特徴から全体の特徴を最適化理論などを用いてモデル化するものであり、スパースモデリングそのものといえる。

　本書では、スパースモデリングを最初に提案したのは、1996 年に LASSO 推定法を提案したスタンフォード大学のティブシャーアーニ（Robert Tibshirani）と位置づけている [9]。LASSO 推定法は、第 3 章で説明している通り、二乗誤差の最小化と ℓ_1 ノルム最小化を組み合わせた推定法である。この組み合わせにより、解の候補を出しながら解を絞り込むということ、スパースな解を求めることが可能となる。このLASSO のスパース推定の手法は、ℓ_1 正則化とも呼ばれている。LASSO 以前にも反射法地震探査、石川真澄（九工大）が提案した人工神経回路網モデルの「忘却付き構造学習」、画像雑音除去などに ℓ_1 正則化は使われていたが、スパースモデリングの研究ブームを起こすには至らなかった [10]。

　正則化は、統計学や機械学習の研究分野では、過学習を防ぐ手法として位置づけられる重要な手法であり、ℓ_1 正則化以外にも ℓ_0 正則化、ℓ_2 正則化、その他、いろいろなアイデアが研究されている。第 3 章で説明しているように、ℓ_0 正則化（ℓ_0 最小化）による変数選択は、網羅的探索になるため、未知数の数が多いと組合せ爆発でコンピュータでも手に負えない状況になってしまう。一方、パラメータの二乗からなる項を罰則項として付加して推定する ℓ_2 正則化のリッジ回帰という手法は 1970 年ごろから使用されてきた。これは ℓ_2 正則化では微分可能であるため、コンピュータ

のパワーに頼ることなく解析的に解を求められるという利点があったからである。しかしながら、ℓ_1 正則化のようにスパースに解を絞り込むことができないため、説明変数が多いとモデルの解釈が複雑になるという欠点があった。LASSO の ℓ_1 正則化は、この 2 つの流れを組合わせた手法であったといえる [11]。LASSO 推定法については研究が進み、効率の良いアルゴリズムも提案され、コンピュータの性能向上も伴い、データマイニングや機械学習に活用されてきた [12]。

　さて、統計学で言うモデル化について、統計学と機械学習で共通部分が多いが、若干違う点がある。統計学でのモデル化は、母集団の特徴を推定することであり、母集団の説明に重点があるのに対し、機械学習でのモデル化は、母集団の特徴を推定して学習し、未知データに対する予測に重点があるという点である。この予測能力は、未知の状況に対して一般化できる能力として「汎化能力」とも呼ばれている。

　以上、圧縮センシング、AI 技術、LASSO 推定法について振返ってきた。AI 技術を支える画像認識や音声認識をパターン認識として研究するには、フーリエ変換、ウェーブレット変換という信号処理が必要であったことを考えると、これらを繋ぐ流れとして、情報理論も含めたデジタル化の信号処理技術の長い歴史があったことに気づく。図 4.6 に信号処理技術の歴史を示す [13]。フーリエ変換、ウェーブレット変換の時代に続き、LASSO を契機にスパースモデリングの時代が始まった。スパースモデリングの研究によって画像

認識や音声認識の分野で、より人間の脳を模倣した研究が進むと考えられる。

　なお、スパースモデリングの信号処理と画像処理への応用については、エラド著（玉木訳）「スパースモデリング－ ℓ_1／ℓ_0ノルム最小化の基礎理論と画像処理への応用」[14]が詳しい。ドノホのこの分野の研究への貢献の大きさが伺える。

図4.6●信号処理技術の歴史（Sparse Approximation and Regularization, Ayush Bhandari, MIT, http://www.mit.edu/~ayush/MIT/Notes_files/Sparse%20Approximation.pdfを参考に作成）

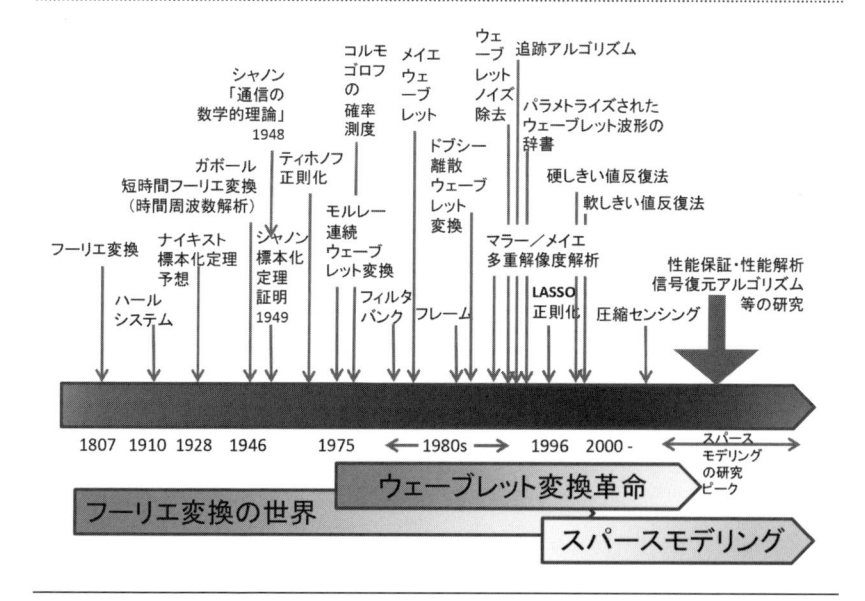

4.2 スパースモデリングの研究

具体的なスパースモデリングの研究動向をみていこう。

（1）日本の国家プロジェクト

『文部科学省科学研究費補助金「新学術領域研究」平成 25 年度〜 29 年度 スパースモデリングの深化と高次元データ駆動科学の創成』という研究プログラムが日本の国家プロジェクトとして実施されている[15]。

ここでは、スパースモデリングを次のように定義している。

スパースモデリングは、高次元データに普遍的に内在するスパース（疎）性を利用することで、計算量が次元数に対して指数爆発（計算量爆発）する状況でも、実際的時間でデータから最大限の情報を効率よく抽出できる技術の総称である。

本プロジェクトにおけるスパースモデリング研究の課題と基本的な考え方は以下の通りである。

課題

近年の計測技術の発展によるデータの高次元化で計算量が爆発する状況に、研究者の直感的行為である思索や試行錯誤が追いつかずに、科学の発展を支えてきた仮説／検証ループにもとづくモデル化が著しく困難になっている。

基本的な考え方

（1）高次元データの説明変数が次元数よりも少ない（スパース（疎）である）と仮定し、

（2）説明変数の個数がなるべく小さくなることと、データへの適合とを同時に要請することにより、

（3）人手に頼らない自動的な説明変数の選択を可能にする枠組みである。

図4.7●スパースモデリングの深化と高次元データ駆動科学の創成（http://sparse-modeling.jp/about/）

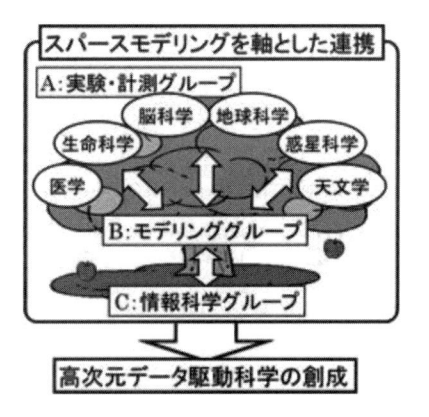

本プロジェクトは、図4.7に示すように、A：実験・計測グループ、B：モデリンググループ、C：情報科学グループという3つの研究グループを組織化し、スパースモデリングを軸とした連携を実現し、高次元データ駆動科学の創成を目指す研究である。重点が「モデル化すること」に置かれており、研究分野横断の共同研究、共通技術開発が可能となることを目指した取

り組みであるといえる。

　それぞれのグループの重点目標は次のように掲げられている。

各グループの重点目標

A：実験・計測グループは、「データ駆動型科学の実践」を目指す。

　高次元データの効率的な活用により、科学的方法の質的変化を引き起こすことで、自然科学の個別の課題を解決する。

　「医学班」、「生命科学班」、「脳科学班」、「地球科学班」、「惑星科学班」、「天文学班」の6つのチームからなる。

B：モデリンググループは、「モデリング原理の確立」を目指す。

　多様な視点の導入により、分野の個別性を超えた類似性／共通性にもとづいた対象／現象のモデル化法に関する理論整備を行うことで、革新的展開を生み出す。

　「計測モデリング班」、「スパースモデリング班」、「物理モデリング班」の3つのチームからなる。

C：情報科学グループは、「数理基盤の形成」を目指す。

　非線形で不確実性を伴う高次元の自然科学データに関して、具体的事例から数理的課題を絞り込むことで、実証的観点から従来の多変量解析理論を刷新する。

「非線形班」、「セミパラメトリックスベイズ班」、「大自由度班」、「可視化班」の4つのチームからなる。

　これら3つのグループとは別に「総括班」というグループが設けられており、3つのグループの共同研究の促進を図る仕組みになっている。各班の具体的な研究内容については、後述する。

　プロジェクト全体の課題認識に対しては、モデリンググループが中心となって、分野横断的な数理構造の類似性に基づき、自然科学の個別データと情報科学の汎用的解析を結ぶシステム科学的方法論を探究することで、仮説／検証ループに基づくモデル化を系統的に行う普遍的枠組みを提案する。図4.8のようにスパースモデリングの「モデリング」の部分が重点化された取り組みになっている。

図4.8●スパースモデリングによる高次元計測データから隠れた構造の抽出（http://sparse-modeling.jp/program/X00.html）

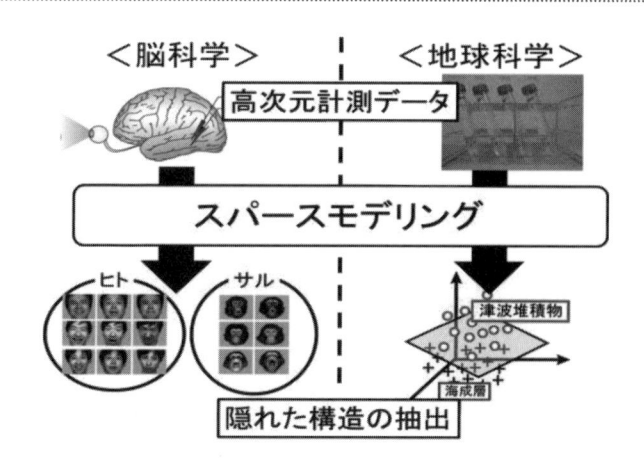

（2）海外の研究の情報源

スパースモデリングの研究は、2000年代半ばに、圧縮センシングが提案された後、ここ10年くらいピークを迎えている。インターネット上にも膨大な情報が蓄積されている。インターネット上の情報を中心に海外の研究の情報源を以下に示す。

ネット書籍

［URL］http://web.stanford.edu/~hastie/StatLearnSparsity/

LASSOを提案したスタンフォード大学のティブシャーアーニの著書「Statistical Learning with Sparsity The Lasso and Generalizations」がネット上で閲覧できる[16]。

図4.9●Statistical Learning with Sparsity: The Lasso and Generalizations（http://web.stanford.edu/~hastie/StatLearnSparsity/）

Compressive Sensing Resources

［URL］ https://web.archive.org/web/20160529012904/http://dsp.rice.edu:80/cs

ライス大学（Rice University：アメリカ合衆国テキサス州ヒューストン市）のデジタル信号処理 (DSP) グループが運営するサイトが情報のハブになっている。ただし、上記のリンクは Web アーカイブであり、現在は、ライス大学の Web 構成の方針が変わってしまった模様である。ライス大学では、1 ピクセルカメラの研究も先進的な実績がある[17]。

図4.10●Compressive Sensing Resources（https://web.archive.org/web/20160529012904/http://dsp.rice.edu:80/cs）

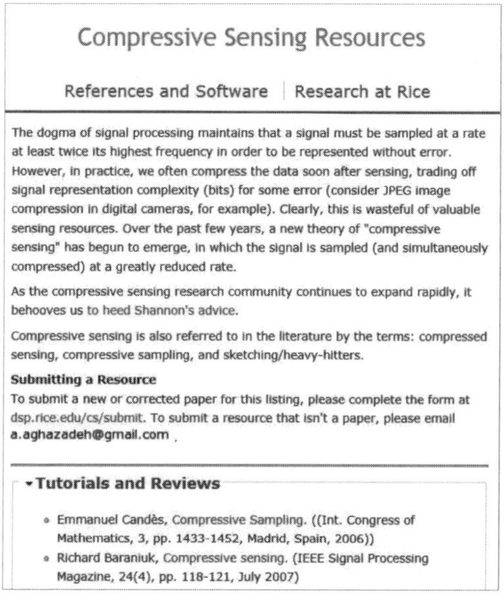
Compressive Sensing Resources

References and Software | Research at Rice

The dogma of signal processing maintains that a signal must be sampled at a rate at least twice its highest frequency in order to be represented without error. However, in practice, we often compress the data soon after sensing, trading off signal representation complexity (bits) for some error (consider JPEG image compression in digital cameras, for example). Clearly, this is wasteful of valuable sensing resources. Over the past few years, a new theory of "compressive sensing" has begun to emerge, in which the signal is sampled (and simultaneously compressed) at a greatly reduced rate.

As the compressive sensing research community continues to expand rapidly, it behooves us to heed Shannon's advice.

Compressive sensing is also referred to in the literature by the terms: compressed sensing, compressive sampling, and sketching/heavy-hitters.

Submitting a Resource
To submit a new or corrected paper for this listing, please complete the form at dsp.rice.edu/cs/submit. To submit a resource that isn't a paper, please email **a.aghazadeh@gmail.com** .

▾Tutorials and Reviews

- Emmanuel Candès, Compressive Sampling. ((Int. Congress of Mathematics, 3, pp. 1433-1452, Madrid, Spain, 2006))
- Richard Baraniuk, Compressive sensing. (IEEE Signal Processing Magazine, 24(4), pp. 118-121, July 2007)

機械学習と圧縮センシングに関する話題のブログ 「Nuit Blanche」

［URL］http://nuit-blanche.blogspot.jp/

　フランス人の機械学習の研究者カロン（Igor Carron）がこの Web サイトを運営しており、アクティブな情報発信をしている。

　圧縮センシングに関するキャンデスの大学講義ビデオなど、多数のリンクが収録されており、現時点で最もアクティブな情報源といえる。図 4.11 は、圧縮センシングの「The Big Picture」として、上記のサイトで共有されている資料である[18]。

図4.11●Compressed Sensing：The Big Picture（https://sites.google.com/site/igorcarron2/csを和訳）

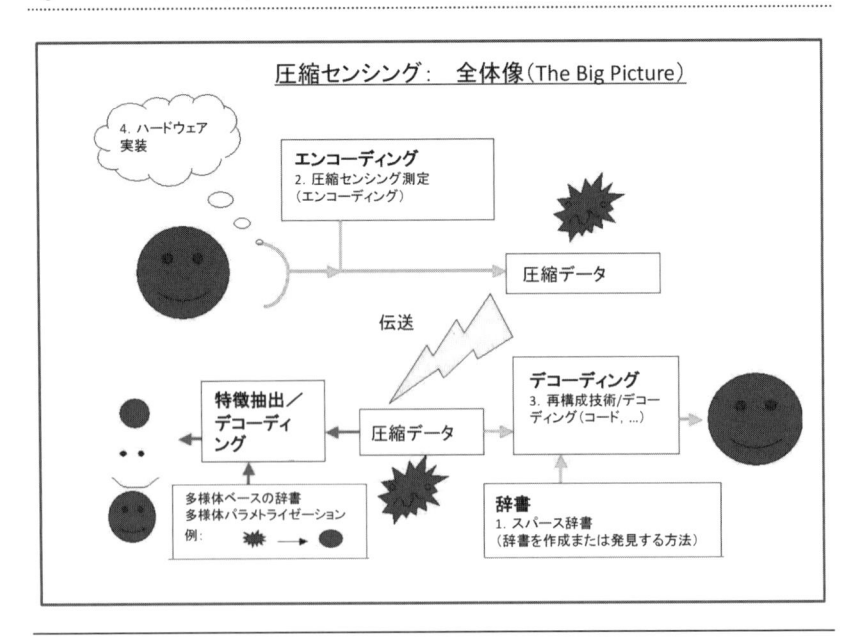

独シーメンス社のヘルスケアの取組み

［URL］https://www.healthcare.siemens.com/magnetic-resonance-imaging/mri-technologies/speed-technologies/compressed-sensing

　独シーメンス社の MRI への圧縮センシング技術の適用の研究事例が詳しい。Compressed Sensing: the Flowchart、Compressed Sensing: a Metaphor など、圧縮センシング技術の解説も工夫されている [19][20]。

IBM ワトソン研究所

［URL］http://researcher.watson.ibm.com/researcher/view_person_pubs.php?person=us-rish&t=1

　IBM ワトソン研究所の研究員リッシュ（Irina Rish）はスパースモデリングの著書を 2 冊出版している [21][22]。また、国際学会などでのスパースモデリングや機械学習についての講演も多数あり、インターネット上でも公開されているものもある [23]。

12個の玉のパズル

「12個の玉があります。見た目は同じですが、ひとつだけ重さの違う玉（重いか軽いかはわかりません）があるので、天秤を3回だけ使って探し出して、重いか軽いかも当ててください。」

図4.12●12個の玉のパズル

「12個の玉があります。見た目は同じですが、ひとつだけ重さの違う玉（重いか軽いかはわかりません）があるので、天秤を3回だけ使って探し出して、重いか軽いかも当ててください。」

このパズルは、人間が普通に考えると、3回のプロセスで絞り込む回答になる。例えば、次のような回答が考えられる。

回答例1

4つずつの3つのグループに分けて、1回目で2つのグループを比べ、もし釣り合ったら残りのグループの4つを調べる。調べ方は4つのうち3個を1回目に使った玉3個と2回目で比較し、もし釣り合ったら残りの1個が目標物で、他より重いか軽いかを3回目で調べる。もし2回目で重（軽）かったら、3個のうち2個を3回目で比較し、重（軽）い方が目標物で他より重（軽）い。もし釣り合ったら、外した1個が他より重（軽）い。

1回目の2つのグループが釣り合わなかったら、この重い可能性のある

グループと軽い可能性のあるグループの計8個をさらに調べる。重い可能性のあるグループと軽い可能性のあるグループから2個ずつ計4個を天秤の左側に乗せ、重い可能性のあるグループと軽い可能性のあるグループから1個ずつ、さらに1回目に使わなかったグループの2個を加えて計4個にして天秤の右側に乗せて、2回目で比較する。もし釣り合ったら、重い可能性のあるグループの残りの1個を1回目に使わなかったグループの1個と3回目で比較し、重ければ目標物であり、もし釣り合えば、軽い可能性のあるグループの残りの1個が目標物で軽い。もし2回目で左側が重（軽）ければ、左側に乗せた重（軽）い可能性のあるグループからの2個を3回目で比較し、重（軽）い方が目標物であり、もし釣り合ったら、右側に乗せた軽（重）い可能性のあるグループからの1個が目標物で軽（重）い。

　さて、このパズルをスパースモデリング的に考えると、どうなるだろうか？　解は複数あるが、以下に例をあげる。

回答例2
　番号を付けた玉①②③④⑤⑥⑦⑧⑨⑩⑪⑫に対して、次の3パターンを測定することで判別できる。

　　左の皿　①⑥⑦⑧　右の皿　②③④⑤
　　左の皿　①⑨⑩⑪　右の皿　②⑥⑦⑧
　　左の皿　②⑤⑥⑨　右の皿　③⑧⑪⑫

　判別方法は次のように説明できる。3回の測定で天秤の片側の皿は、「上がる」、「釣り合う」、「下がる」の3通りの結果を得ることができる。「上がる」= 1、「釣り合う」= 0、「下がる」= –1 と表すと、天秤の片側の皿の動きは、次ページに示す27通りになる。このうち24通りに玉①～⑫が重い／軽い（12×2）を割当てられれば、回答となる。上記の回答例では、左右の分散を考えて、玉①～⑫と天秤の状態の対応関係を次ページの対応表の網掛け部分のように割当てている。1であれば左の皿に玉を乗せ、–1であれば右の皿に玉を乗せる。測定結果の判別は、例えば、左の皿が (1, 1, 0)

であれば①が軽い、(−1, −1, 0) であれば①が重い、(1, 1, −1) であれば②が重い、(−1, −1, 1) であれば②が軽い、などとなる。

玉	3回の測定の片側の皿の状態	
	(1, 1, 1)	(−1, −1, −1)
①	(1, 1, 0)	(−1, −1, 0)
②	(1, 1, −1)	(−1, −1, 1)
③	(1, 0, 1)	(−1, 0, −1)
④	(1, 0, 0)	(−1, 0, 0)
⑤	(1, 0, −1)	(−1, 0, 1)
⑥	(1, −1, 1)	(−1, 1, −1)
⑦	(1, −1, 0)	(−1, 1, 0)
⑧	(1, −1, −1)	(−1, 1, 1)
⑨	(0, 1, 1)	(0, −1, −1)
⑩	(0, 1, 0)	(0, −1, 0)
⑪	(0, 1, −1)	(0, −1, 1)
⑫	(0, 0, 1)	(0, 0, −1)
	(0, 0, 0)	27 通り

　この解の特徴は、3回の測定の順番は関係ないという点である。人間が考える絞り込みのプロセスとコンピュータが考える場合分けの最適化の方法は異なり、コンピュータの解を見て、人間がすぐ理解できるかというと難しい側面があるという事例の1つといえる。

　スパースモデリングは、このギャップを埋めるヒントを出してくれる可能性がある。

4.3　スパースモデリング研究の現状

　　日本の「スパースモデリングの深化と高次元データ
駆動科学の創成」を題材にしてスパースモデリング研
究の現状をみてみよう。

　　第1章で述べたスパースモデリングの3つの意義（図
4-13）と対応させると、応用分野である実験・計測グ
ループでは、意義1、意義2を活用して、各応用分野
の状況に応じた高速化、高精度化などの課題を解決し
ようとしている。また、実験・計測グループも含めて、
どのグループも、意義3を活用して高次元データの複
雑なデータ構造の理解を可能とする研究を進めている
といえる。

図4.13●スパースモデリングの3つの意義

意義1　スパースモデリングを使うことにより、データが不足
　　　　していても解析することができる。

意義2　スパースモデリングを利用することにより、大量のデ
　　　　ータを使わずにすみ、データ解析にかかる時間を短縮
　　　　できる。

意義3　スパースモデリングによって、複雑なデータ構造をわ
　　　　かりやすく表現する。

　　各グループの活動計画内容をホームページ[15]より
抜粋し、記述しておく。異分野間連携の共同研究を進

めるにあたり、参考になる取り組み事例でもある。デジタル化の進展によりシステムが大規模化、複雑化している中で、今後、このような異分野間連携の共同研究はますます重要になってくると考えられる。

(1) 総括班

総括班

研究領域代表者：岡田真人（東京大学大学院新領域創成科学研究科　教授）

　総括班の役割は、すでに前節で紹介している通り、他の3つのグループの共同研究の促進を図り、領域全体を先導する役割である。高次元データから科学的知識抽出を行う普遍的枠組みがスパースモデリングであると考え、情報科学と幅広い様々な自然科学分野の緊密な融合こそが革新的な自然探求の方法論の開発を促すという着想を持って取り組んでいる。

　以下の課題を掲げている。また、総括班の役割を図4.14 に示す。

1. 高次元データ駆動科学の実践
2. 高次元データ駆動科学の情報数理の基盤形成
3. 高次元データ駆動科学創成に向けた若手人材育成と広報・アウトリーチ活動

図4.14●総括班の役割：各グループ間の共同研究の促進

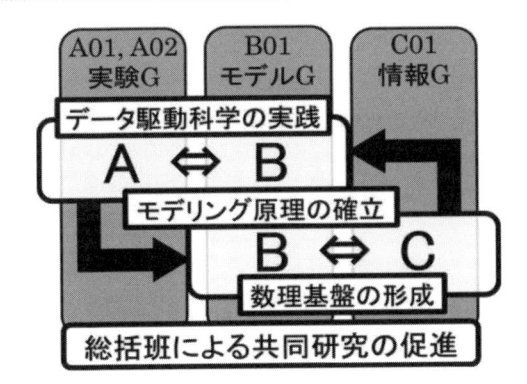

(2) 実験・計測グループ

医学班（A01-1）

研究課題名：スパースモデリングを用いた新しい医用 MRI 画像の創生

研究代表者：富樫かおり（京都大学大学院医学研究科 教授）

　計測モデリング班（B01-1）と連携して、血管や血流の信号にみられるスパース性に注目して、具体的な臨床適用課題とそれに対応する技術的課題を設定し、医用 MRI 画像の時間・空間的分解能の向上、撮像高速化手法を開発する。

　課題は以下の通り。

1. 脳卒中：空間的なスパース性を活用した3次元
   脳血管画像の高分解能化・撮像高速化
2. 心筋梗塞：周期的に動いている被写体の高速撮
   像
3. がんの微小環境：モデルに基づくデータ解析を
   前提とした撮像法の開発

生命科学班（A01-2）

研究課題名：スパースモデリングによる NMR 計測・
解析の高速高精度化
研究代表者：木川隆則（理化学研究所　生命システム
研究センター　チームリーダー）

　計測モデリング班（B01-1）と連携して、スパース
モデリングの導入により NMR 解析の複雑さ・煩雑さ
に起因する問題を解決することにより、生命分子の
NMR 計測やデータ解析の高速・高精度化の実現を目
指す。
　課題は以下の通り。

1. NMR 計測の高速・高精度化
2. データ解析の高速・高精度化
3. 立体構造計算の高速・高精度化

脳科学班（A01-3）

研究課題名：スパースモデリングから脳における視覚物体像の時空間表現に挑む

研究代表者：谷藤学（理化学研究所　脳科学総合研究センター　チームリーダー）

　スパースモデリング班（B01-2）と協力して、スパースモデリングにより、物体の表現に使われている図形特徴の空間構造を明らかにするとともに、その時間特性を融合させ、物体像の脳内情報表現の時空間構造の統一的な理解を図る。

　課題は以下の通り。

1. 物体像表現の空間構造の解明
2. 物体像表現の空間構造と時間構造の統合理解
3. 脳における物体像のスパース表現の意味を解明する

地球科学班（A02-1）

研究課題名：スパースモデリングに基づくデータ駆動解析による地球プロセスモデルの構築

研究代表者：駒井武（東北大学大学院環境科学研究科　教授）

　スパースモデリング班（B01-2）との共同研究を行い、スパースモデリングにより高次元・大量の地球科学データに潜む本質的な物理化学プロセスや構造を抽出する普遍的枠組みの構築を行う。

地球科学は、こつこつとデータを取得し、その結果をもとにある種の「ひらめき」や天才の出現により新たなパラダイムが構築されてきた。これに対し、データ駆動のモデルを提案し、隠れた地球プロセスモデルを見いだす情報処理技術の開発を目的としている。すなわち恣意性の無い客観的データ処理であり、それを通じて未知の地球プロセスを系統的に導ける情報処理技術の構築を目指す。

課題は以下の通り。

1. 津波堆積物の地球化学判別の高精度化と歴史大津波堆積物への適用
2. 津波堆積物の物理化学的挙動の解明と環境リスク評価
3. 地球化学データ解析法の固体地球科学への応用

惑星科学班（A02-2）

研究課題名：スパースモデリングが拓く太陽系博物学：ハヤブサ後の小惑星探査戦略の創出
研究代表者：宮本英昭（東京大学総合研究博物館　准教授）

スパースモデリングを用いて客観的かつ網羅的な解析を行うことで、隕石分析および小惑星観測で得られる膨大なデータを対象として、少数の説明変数を選別しそれぞれの直接的な対比を試みる。

課題は以下の通り。

1. 隕石の元素組成データベースの構築
2. スペクトル・データベースの構築
3. スパースモデリングによる隕石・小惑星データ
統合

天文学班（A02-3）

研究課題名：スパースモデリングを用いた超巨大ブラックホールの直接撮像
研究代表者：本間希樹（国立天文台水沢 VLBI 観測所
教授）

　計測モデリング班（B01-1）と連携して、スパースモデリングの手法を電波干渉計観測に適用し、超解像イメージングにより「ブラックホールシャドウ」の検出を目指すとともに、その質量やスピン、降着円盤温度などの物理量の抽出も狙う。
　課題は以下の通り。

1. スパースモデリングによる超解像技法の開拓
2. 超解像技法によるブラックホール撮像
3. ブラックホールの物理量抽出

（3）モデリンググループ

計測モデリング班（B01-1）

研究課題名：圧縮センシングにもとづくスパースモデリングへのアプローチ

研究代表者：田中利幸（京都大学大学院情報学研究科教授）

圧縮センシングは、少ない取得データからその背後にある本質的な構造を再現（再構成）することを可能にする枠組みであり、スパースモデリングの顕著な例である。

実験・計測グループの医学班（A01-1）、生命科学班（A01-2）、天文学班（A02-3）や公募研究の研究課題の中から圧縮センシングによるスパースモデリングが有効と考えられる個別事例に対する各論的研究を行う。また、これらの複数事例を横断的に眺めることによる一般性のある数理的考察との間を往復する。この横断的研究により、各問題領域における有用性と、個別事例に閉じない一般性を高い次元で両立できる新たな方法論的な枠組みの確立が期待できる。

課題は以下の通り。

1. 圧縮センシングのオーダーメイド型研究
2. 圧縮センシングへのベイズ推定の導入
3. 圧縮センシングの数理的諸性質の横断的研究

スパースモデリング班（B01-2）

研究課題名：スパースモデリングによる潜在構造の抽出

研究代表者：岡田真人（東京大学大学院新領域創成科学研究科　教授）

　大量の高次元観測データが得られる一方で、データの肥大化により、研究者の直感的行為である思索や試行錯誤が追いつかなくなっている。そのため、仮説／検証ループにもとづくモデル化が著しく困難になっている。分野の個別性を超えた類似性／共通性にもとづいたモデリング原理の確立と、種々の自然科学の状況に応じて柔軟に対処できる自然界の符号理論の構築をめざす。スパースモデリングにより潜在構造を抽出する普遍的手法を開発し、分野の個別性を超えた類似性／共通性に基づく高次元データ駆動科学におけるモデリング原理の確立を目指す。脳科学班（A01-3）、地球科学班（A02-1）、情報科学グループ（C01）と連携する。

　課題は以下の通り。

1. スペクトル分解を用いたモデリング
2. ブラインドセンシング(BS)を用いたモデリング
3. モンテカルロ法による高速全数検索を用いたモデリング

物理モデリング班（B01-3）

研究課題名：物理モデリングとスパースモデリングの融合による自然法則の抽出

研究代表者：福島孝治（東京大学大学院総合文化研究科　准教授）

　スパースモデリングにより高次元自然科学データから重要因子を抽出し、解析目標を明確化し、理論・シミュレーションの物理モデリングとの接点を探ることにより、自然法則を抽出する普遍的なモデリング原理の構築を目的とする。セミパラメトリックベイズ班（C01-2）と連携する。

　課題は以下の通り。

1. 走査型トンネル顕微鏡（STM）のスパースモデリング
2. カルシウムイメージングのスパースモデリング
3. 岩石形成ダイナミクスのスパースモデリング

（4）情報科学グループ

非線形班（C01-1）

研究課題名：カーネル法による高次元データの非線形スパースモデリング

研究代表者：赤穂昭太郎（産業技術総合研究所　研究グループ長）

　カーネル法を軸として、データに内在する非線形性・階層性など複雑な構造を抽出する手法を開発し、高次元データ駆動科学の基盤となる枠組みの構築を目指す。

　実験家にとっても解釈がしやすい情報が抽出されることにより、自然科学における実験計測とデータ解析のそれぞれの専門家の協力関係を大幅に促進することが期待される。

　課題は以下の通り。

1. マルチモーダルスパースモデリング
2. ダイナミカルスパースモデリング
3. 構造的スパースモデリング

セミパラメトリックベイズ班（C01-2）

研究課題名：セミパラメトリックベイズ推論アプローチによるスパースモデリングの深化と応用

研究代表者：福水健次（統計数理研究所　数理・推論研究系　教授）

　自然科学分野の実験・計測データは、対象となる生体系・物理系の状態遷移を時系列的に計測する場合が多く、「状態空間モデル」として表すことができる。本研究では状態空間モデルを主要な研究対象とし、状態遷移や観測過程に不明確な部分がある場合に適用可能な、カーネル法に基づくセミパラメトリックなベイズ推論法を確立し、セミパラメトリック・スパースモデリングの方法を展開する。実験・計測グループ（A01、A02）および物理モデリング班（B01-3）と連携する。

　課題は以下の通り。

1. カーネルベイズ推論の展開
2. セミパラメトリック状態空間モデル
3. セミパラメトリック・スパースモデリング

大自由度班（C01-3）

研究課題名：大規模なスパースモデリングへの統計力学的アプローチ

研究代表者：樺島祥介（東京工業大学情報理工学院教授）

　大自由度性に起因する計算困難の問題をイジング模型など大自由度結合システムの取り扱いに長けている統計力学の概念／技術を用いて克服することで、現状の打破を図る。具体的な事例を多数検討することを通じて、「システマティック」かつ「実践できる」スパースモデリングの方法論を構築する。

課題は以下の通り。

1. 圧縮センシング
2. 潜在変数モデリング
3. モデル選択

可視化班（C01-4）

研究課題名：スパースモデリングを促進する可視化基盤の強化
研究代表者：藤代一成（慶應義塾大学　理工学部　教授）

　機械学習分野において、スパースモデリングは、高次元データの疎性の仮定に基づき、データに潜在する重要な振舞いをより少ない説明変数で記述するための効果的な手法を提供する。しかし、その結果は十数から数十次元への圧縮にとどまり、そこから 2、3、4 次元表現への圧縮は、情報量保存などの観点が中心であり、人の介在による視覚的理解を意識した手法は未だに確立していない。

　解析者が視覚フィードバックによりデータ解析を制御できるよう、人を高次元データ解析処理に明示的に取り込む Human-in-the-Loop を実現する。

　課題は以下の通り。

1. 最適商写像選択過程の機械学習
2. 商写像表現変換のための潜在変数モデリング
3. 次元圧縮写像の視覚メタファとグリフ設計

　これらの研究は、「高次元データ駆動科学の創成」を目指し、「高次元データから科学的知識抽出を行う普遍的枠組みがスパースモデリングである」という考えのもとに実施されている。情報科学と自然科学の分野を横断した連携により、人間の恣意性のない客観的な少数の情報で複雑なデータ構造をわかりやすく説明できるような革新的なスパークモデリング手法が開発されることを期待する。

　本研究の最終報告は、来年（2018年）にまとめられるが、応用数理学会学会誌（第25巻・第1号2015年3月）[24]、電子通信情報学会学会誌（99巻・5号2016年5月）[25]にスパースモデリングの特集が組まれており、本プロジェクトの研究成果についての記事も収められている。また、本章では触れられなかった「情報通信工学分野への応用」について電子通信情報学会の本特集が参考になる。さらに、電子通信情報学会の英文論文誌に収録されている「A User's Guide to Compressed Sensing for Communications Systems」（林、永原、田中, 2013）[26]に圧縮センシングの通信システムへの応用研究が詳しくまとめられているのでぜひ参考にされたい。また、スパースモデリングを省エネ目的で制御系設計の最適化の分野に応用する研究事例も報告されている[27]。スパークモデリングの研究は、今後ますます分野を超えた広がりが期待される。

4.4 研究動向のまとめ

（1）スパースモデリング研究の枠組み

　スパースモデリングは、さまざまな分野に応用が期待される技術である。これまでの歴史の振り返りから分かるように、数学や統計学などの情報科学理論、信号処理技術、AI 技術などの研究成果が土台となって、また、コンピュータの性能向上とインターネットの発達による情報蓄積を背景として、さまざまなモデルやアルゴリズムが研究され、これらを応用して医療や地学や通信などの応用分野の研究が成り立っている。具体的な研究動向としては、研究分野横断の共同研究、共通技術開発を目指した取り組みが進展している。この分野の研究の全容を紹介することは、領域が広すぎて、本書では荷が重いが、本書で述べてきたことを総括して、スパースモデリング研究の枠組みを図で表すと、図 4.15 のようになる。

図4.15●スパースモデリング研究の枠組み

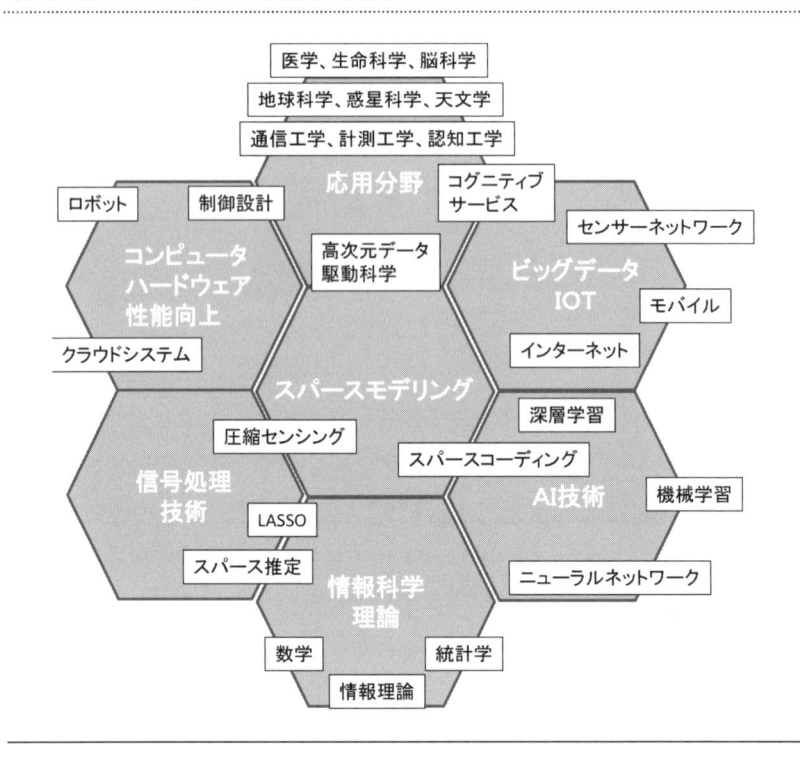

（2）今後の課題

　今後の課題としては、前節に記載したように各研究班が掲げている具体的な技術的検討課題の解決による研究分野の発展があるが、ここでは、スパースモデリングの分野横断の研究を継続していくことが重要課題であると考えて、研究予算について言及したい。

　『文部科学省科学研究費補助金「新学術領域研究」平成25年度〜29年度 スパースモデリングの深化と

高次元データ駆動科学の創成』の予算は 5 年間で 10 億 2200 万円であった。

　本領域研究には、本書で紹介した 14 班の活動に加えて、各班の活動に紐づいた公募プロジェクトが 75 テーマあり、決して十分な予算とはいえない。継続的な研究開発活動のための財源が必要である。

　スパースモデリングの研究は、基礎分野から応用分野まで分野横断で共同研究できる特徴があり、いろいろな予算から研究費を集めることができる。折しも、人工知能関連の研究は図 4.16 のように第 3 次 AI ブームにのって 10 年プロジェクトで大きな国家予算がついている [28]。とは言っても、米国 IT 企業は数千億円単位の研究開発を実施しており、それに比べると桁が小さい。人工知能関連技術は、第 4 次産業革命にもつながる技術であり、国としての競争力をつけるには、産官学連携での国家プロジェクトとして研究を進めていかねばならない。

図4.16●AIP：人工知能関連の国家プロジェクト[28]

> **名称：** AIP: Advanced Integrated Intelligence Platform Project
> 　　　　人工知能／ビッグデータ／ IoT ／サイバーセキュリティ統
> 　　　　合プロジェクト
> **実施府省：** 文部科学省
> **実施期間及び予算額：** 平成 28 年度〜平成 37 年度
> 　　　　　　　　　　　　平成 28 年度予算額 54 億円
> **事業計画内容：**
> 　革新的な人工知能技術を中核とし、ビッグデータ解析・IoT・
> サイバーセキュリティ技術を統合する次世代プラットフォーム
> を形成することで、科学技術研究の革新及び様々な応用分野で
> の実用化の加速を進める。このため、世界的に優れた競争力を
> 持つ研究者の力を結集した新たな研究拠点を構築する。その際、
> 脳科学や認知科学の研究成果も活用するとともに、文部科学省・
> 総務省・経済産業省で連携した研究開発も実施する。情報科学
> 技術に関わる研究者育成にも取り組む。

　　　　計測技術革命といわれるスパースモデリングは、ス
パース性の仮定の下、計測処理の時間と量を削減でき
る。また、高次元で複雑なデータからより単純なモデ
ルを抽出することができる。これらの効果は、「省エ
ネ効果」に通じるものがあり、無駄を省くことによる
経済的効果のあるソリューション作りに役立つと考え
られる。新たな財源を実ビジネスに求めるようなベ
ンチャー開発的な取り組みも加速することが期待さ
れる。

参考文献

[1] D. Mackenzie, "Compressed Sensing Makes Every Pixel Count," What's Happening in the Mathematical Sciences, Volume 7 on the AMS, pp. 114-127, 2009.

[2] D. L. Donoho, "Compressed sensing," IEEE Trans. Inform. Theory, vol. 52, pp. 1289–1306, Sept. 2006.

[3] E. J. Candès and T. Tao, "Near optimal signal recovery from random projections: Universal encoding strategies?," IEEE Trans. Info. Theory, vol. 52, pp. 5406–5425, Dec. 2006.

[4] M. Lustig, D. L. Donoho, and J. M. Pauly, "Sparse MRI: The Application of Compressed Sensing for Rapid MR Imaging", Magnetic Resonance in Medicine 58: 1182–1195, 2007.

[5] G. Satat, M. Tancik and R. Raskar, "Lensless Imaging with Compressive Ultrafast Sensing," To appear: IEEE Trans. Computational Imaging, 2017.

[6] E. J Candès, "Compressive sampling," in International Congress of Mathematicians, vol. 3, (Madrid, Spain), pp. 1433–1452, 2006.

[7] B. A. Olshausen and D. J. Field, "Emergence of simple-cell receptive-field properties by learning a sparse code for natural images," Nature, vol. 381, no. 13, pp. 607-609, July 1996.

[8] R. Kurzweil, "The Singularity Is Near: When Humans Transcend Biology," Viking, 2005.（邦訳："シンギュラリティは近い [エッセンス版] 人類が生命を超越するとき ," NHK 出版 , 2016.）

[9] R. Tibshirani, "Regression shrinkage and selection via the lasso," Journal of the Royal Statistical Society: Series B (Statistical Methodology), vol. 58, no. 1, pp. 267-288, 1996.

[10] 田中利幸 , "圧縮センシングの数理 ," 電子情報通信学会 , 基礎・境界ソサイエティ Fundamentals Review, Vol.4 No.1, pp.39-47, 2010.

[11] 伊庭幸人 , "モデル選択超速習 AIC からスパースまで ," 岩波データサイエンス , 岩波書店 , Vol.5, pp.6-18, 2017.

[12] 池田思朗 , "スパース性を用いた推定 ," 岩波データサイエンス , 岩波書店 , Vol.5, pp.19-38, 2017.

[13] A. Bhandari, "Sparse Approximation and Regularization," MIT, http://www.mit.edu/~ayush/MIT/

Notes_files/Sparse%20Approximation.pdf

[14] M. Elad（玉木徹訳）, "スパースモデリング－ℓ_1／ℓ_0ノルム最小化の基礎理論と画像処理への応用," 共立出版, 2016.（原著：M. Elad, "Sparse and Redundant Representations: From Theory to Applications in Signal and Image Processing", Springer, 2010.）

[15] 科学研究費補助金新学術領域研究「スパースモデリングの深化と高次元データ駆動科学の創成」, http://sparsemodeling.jp/

[16] T. Hastie, R. Tibshirani, M. Wainwright, "Statistical Learning with Sparsity: The Lasso and Generalizations," Chapman & Hall/CRC Monographs on Statistics & Applied Probability, 2015.

[17] M. B. Wakin, J. N. Laska, M. F. Duarte, D. Baron, S. Sarvotham, D. Takhar, K. F. Kelly, and R. G. Baraniuk, "Compressive imaging for video representation and coding," in Picture Coding Symposium, (Beijing, China), Apr. 2006.

[18] I. Carron, "Compressive Sensing: The Big Picture," in Nuit Blanche, https://sites.google.com/site/igorcarron2/cs

[19] M. Blasche, C. Forman, "Compressed Sensing —

the Flowchart," MAGNETOM Flash, (66) 3/2016.

[20] M. Blasche, "Compressed Sensing — a Metaphor," MAGNETOM Flash, (66) 3/2016.

[21] I. Rish , G. A. Cecchi, A. Lozano, A. Niculescu-Mizil, "Practical Applications of Sparse Modeling," Neural Information Processing series, 2014.

[22] I. Rish, G. Grabarnik, "Sparse Modeling: Theory, Algorithms, and Applications," Chapman & Hall/CRC Machine Learning & Pattern Recognition, 2014.

[23] I. Rish, "Learning About the Brain: Neuroimaging and Beyond," Plenary talk at NIPS-2016, (Barcelona, Spain), Aug 2016.

[24] 応用数理「特集スパースモデリング：情報処理の新しい流れ」, 応用数理学会, Vol. 25, No. 1, pp.2-19, 2015.

[25]「特集 スパースモデリングの発展 - 原理から応用まで -」, 電子情報通信学会誌, 99 巻 5 号, pp.369-470, 2016.

[26] K. Hayashi, M. Nagahara, T. Tanaka, "A User's Guide to Compressed Sensing for Communications Systems," IEITC Transactions on Communications, Vol.

E96-B, No.3, pp.685-712, 2013.

[27] 永原正章, "最適制御とスパースモデリング," 電子情報通信学会, 基礎・境界ソサイエティ Fundamentals Review, Vol.10 No.3, pp.176-185, 2017.

[28] 総合科学技術・イノベーション会議が実施する国家的に重要な研究開発の評価,「AIP: Advanced Integrated Intelligence Platform Project 人工知能／ビッグデータ／ IoT ／サイバーセキュリティ統合プロジェクト」の再評価結果（案）, 総合科学技術・イノベーション会議, 9/2016.

おわりに

第4次産業革命と日本の置かれている状況

　日本は今、第4次産業革命という新しい技術革新の波に乗り遅れまいとしている。IoT、ビッグデータ、AI、ロボットなどのキーワードが毎日のように新聞をにぎわせている。

第4次産業革命のキーワード

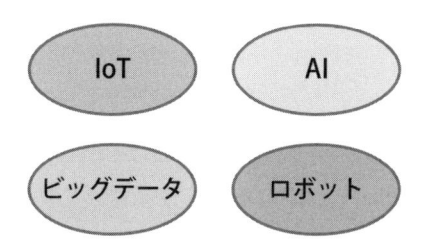

　第3次産業革命（ITの時代）では、日本は米国の後塵を拝することになった。パソコン、Windows、インターネット、スマートフォンなど、今身の回りにあるIT技術のほとんどは米国発の技術である。

　第4次産業革命はビッグデータと呼ばれる大量のデータが中心となる時代になりそうである。この分野で

も現在のところ米国の企業が先行している。Google、Amazon、Facebook、Apple といった企業には自然に大量のデータが集まるようなしくみができあがっている。

また、近年、中国が急速に力をつけてきている。ITの技術者が増えているだけでなく、やはり大量のデータを集めることにも動いている。14 億人がデータを生産できるという意味で、中国はビッグデータで主導権を握るかもしれない。

このままでは、日本は米国だけでなく、世界から取り残される危険がある。

スパースモデリングへの期待

筆者らがスパースモデリングに目をつけたのは、こうしたビッグデータ至上主義ともいうべき状況を変えることのできる可能性を秘めているからである。

ビッグデータは収集にも解析にも莫大な時間とコストがかかる。しかし、データの中から本質的な部分を抽出するスパースモデリングがあれば、そもそもビッグデータを集めなくても物事の本質を理解できる。

また、AI がビッグデータから導き出した答えを人間が理解できないことも多い（将棋の初手がなぜ３八金なのかなど）。スパースモデリングは、その名のごとく「モデル」を作ることに主眼をおいた技術であり、

情報技術のアカウンタビリティを高めるという意味で期待される。

スパースモデリングはこれから急速に注目を集める技術であると思われる。この本が読者のところに届くころには、スパースモデリングによってブラックホールの姿をとらえたというニュースが入っているかもしれない。

本書がスパースモデリングの理解の一助となることを願ってやまない。

謝辞

筆者のうち、楠田と日高は長い間「ユビキタス」の研究を通じて、日本発の IT 技術の時代を夢見てきたが、今回新たにメンバーに松下が加わり、新しい視点から IT 技術の将来を議論する機会を得ることができた。

本書の執筆にあたっては、多くの人の協力を得た。この場を借りてお礼申し上げたい。まず、本書の執筆の機会を与えていただいたカットシステムの石塚氏に感謝したい。本書の執筆に協力してくれた、筆者らの上司、同僚、部下の諸氏にも感謝したい。そして、筆者らの執筆活動をあたたかく見守ってくれている家族にも感謝する。

2017 年 7 月吉日
筆者を代表して、日高昇治

索 引

■ 著者プロフィール

日高 昇治（ひだか・しょうじ）
はじめに、第 1 章、第 2 章、おわりにを担当
NTT データアイ勤務。NPO 法人 ASPIC 執行役員。
主な著書に「Bluetooth って何だ？」（カットシステム、2000 年）、「手にとるようにユビキタスがわかる本」（かんき出版、2001 年）、「IC タグって何だ？」（カットシステム、2001 年）、「カラーコードって何だ？」（カットシステム、2010 年）などがある。

松下 亮祐（まつした・りょうすけ）
第 3 章を担当
株式会社 NTT データ数理システム勤務。
データ分析など、機械学習・人工知能関連の業務に従事。

楠田 哲也（くすだ・てつや）
第 4 章を担当
NTT データベトナム勤務。
ASEAN でのシステム開発業務に従事。
主な著書に「カラーコードって何だ？」（カットシステム、2010 年）などがある。

データ構造を解き明かす先端技法

スパースモデリングって何だ？

2017 年 11 月 10 日　　　初版第 1 刷発行

著　者	日高 昇治／松下 亮祐／楠田 哲也
発行人	石塚 勝敏
発　行	株式会社 カットシステム
	〒 169-0073 東京都新宿区百人町 4-9-7　新宿ユーエストビル 8F
	TEL （03）5348-3850　　FAX （03）5348-3851
	URL　http://www.cutt.co.jp/
	振替　00130-6-17174
印　刷	シナノ書籍印刷 株式会社

本書に関するご意見、ご質問は小社出版部宛まで文書か、sales@cutt.co.jp 宛に e-mail でお送りください。電話によるお問い合わせはご遠慮ください。また、本書の内容を超えるご質問にはお答えできませんので、あらかじめご了承ください。

Cover design　Y.Yamaguchi　　　© 2017 日高昇治／松下亮祐／楠田哲也

Printed in Japan　ISBN978-4-87783-426-5